CONTABILIDADE BÁSICA
FUNDAMENTOS ESSENCIAIS

Aderbal Nicolas Müller

CONTABILIDADE BÁSICA

FUNDAMENTOS ESSENCIAIS

Aderbal Nicolas Müller

PEARSON

Diretor editorial: Roger Trimer
Gerente editorial: Sabrina Cairo
Supervisor de produção editorial: Marcelo Françozo
Editores: Thelma Babaoka e Jean Xavier
Revisão: Malu Favret
Capa: Alexandre Mieda
Editoração Eletrônica: ERJ Composição Editorial e Artes Gráficas Ltda.

Dados Internacionais de Catalogação na Publicação (CIP)
(Câmara Brasileira do Livro, SP, Brasil)

Müller, Aderbal Nicolas
Contabilidade básica : fundamentos essenciais / Aderbal Nicolas Müller. – rev. – São Paulo : Pearson Prentice Hall, 2009.

Bibliografia
ISBN 978-85-7605-507-5

1. Contabilidade I. Título.

09-06829 CDD-657

Índice para catálogo sistemático:
1. Contabilidade 657

5ª reimpressão - Outubro 2014
Direitos exclusivos para a língua portuguesa cedidos à
Pearson Education do Brasil Ltda.,
uma empresa do grupo Pearson Education
Rua Nelson Francisco, 26
CEP 02712-100 - São Paulo - SP - Brasil
Fone: (11) 2178-8686 - Fax: (11) 2178-8688
e-mail: vendas@pearsoned.com

A Cristina, minha esposa, por todo o seu apoio e incentivo, e pelas renúncias que fez e faz por mim.

A Teresa, minha mãe, por todo o amor e carinho que me dedicou por toda a sua vida em prol da minha.

A Nicole, minha filha, pela felicidade que me traz.

A Ariel, meu pai, pelos ensinamentos que me transmitiu e esforços que realizou com vistas à minha formação integral.

A Artur, meu filho, pelo companheirismo e por me ensinar a ser um pai cada vez melhor.

A Anetti, Ney e demais membros de minha família, por tudo que representam para mim.

"Bom senso significa ver as coisas por dois prismas:
a forma como queremos que elas sejam e
a forma como elas têm de ser."

June Smith, em *Sentinel* (Orlando, Flórida)

Sumário

Prefácio

Costumo dizer que só podemos nos considerar bons professores quando, com o passar do tempo, nossos alunos se tornam melhores do que nós. Essa sempre foi a minha meta como professor, e ela certamente foi alcançada no caso do Prof. Aderbal N. Müller, que vem revelando enorme habilidade na elaboração de títulos sobre contabilidade. Esse talento pode ser comprovado em várias obras, entre livros, artigos, monografias e outros materiais de cunho científico, todas de grande aceitação no meio contábil do país.

Tive a honra de conhecer o Prof. Aderbal quando ele cursava o mestrado em contabilidade. À época, já eram nítidos seu potencial, sua vocação inquestionável para a docência e a pesquisa, sua capacidade intelectual e sua paixão pela área. É grande o orgulho de ter sido professor de um aluno tão brilhante docente. E é ainda maior a honra de escrever o prefácio desta obra, pautada por enorme clareza e excelente abordagem didática.

Em *Contabilidade básica*, os temas contábeis, em geral considerados extremamente áridos, são tratados com profundidade técnica na medida exata para os estudantes da disciplina. Outra qualidade que não se pode deixar de mencionar é a sequência dos capítulos — acredito que o grande segredo do ensino bem-sucedido de contabilidade está na apresentação dos tópicos que a compõem de modo que o nível de dificuldade seja gradativamente distribuído, sem provocar o "estrangulamento" da aprendizagem.

José Carlos Marion

Professor Titular do Departamento de Contabilidade da Faculdade de Administração, Economia e Contabilidade da Universidade de São Paulo

Introdução
Conceitos preliminares

A contabilidade é, por definição, a ciência que estuda o desenvolvimento do patrimônio de uma pessoa, seus resultados e reflexos, sua evolução, sua gerência e seu futuro, conceito que deve ser entendido amplamente, e não de modo restrito.

Embora a pessoa de que se fala possa ser física ou jurídica, é da contabilidade desta última que esta obra busca tratar. Assim, é preciso ter em mente que a formação de uma pessoa jurídica constitui-se:

- pelo interesse dos sócios, acionistas ou do titular (no caso de empresário individual);
- pela necessidade de mercado (para emissão de notas fiscais, por aspectos tributários etc.).

A existência da pessoa jurídica (PJ) pressupõe vontade de seus constituintes e certas particularidades. Embora um empresário individual também seja considerado pessoa jurídica – o que é conhecido como *firma mercantil individual* ou simplesmente *firma individual* –, para que se configure como tal, a PJ precisa desenvolver atividade mercantil (comércio ou indústria), pois o indivíduo que presta serviços configura o *autônomo*, que não emite nota fiscal e paga tributação diversa da tributação paga pela PJ. As demais PJs, constituídas por dois ou mais indivíduos, caracterizam-se pela formação de *sociedades*.

Para constituir uma PJ, é necessário proceder a diversos registros, entre os quais os principais são:

- **Contrato social, estatuto social ou requerimento** (de registro de declaração ou anotação na Junta Comercial, no caso do empresário individual). O registro é efetuado na Junta Comercial, no caso de empresas com atividade mercantil (indústria e/ou comércio), ou no Cartório de Registro de Títulos e Documentos, no caso de atividades civis (exclusivamente prestação de serviços). Entretanto, existem exceções à regra: as sociedades por ações, por exemplo, são sempre registradas na Junta Comercial, por força do artigo 2º, parágrafo 1º da Lei n. 6.404/76, conhecida como *Lei das SAs*). Outra exceção é a do registro de sociedades de advogados, realizada especificamente na Ordem dos Advogados do Brasil (OAB).

- **Registro federal**. Realizado na Receita Federal, por meio do CNPJ (Cadastro Nacional de Pessoas Jurídicas), antigo CGC (Cadastro Geral de Contribuintes), e *obrigatório para todas as PJs*.
- **Registro estadual**. Realizado na Receita Estadual e obrigatório apenas para atividades de comércio, indústria e serviços, como, por exemplo, o fornecimento de energia elétrica, as telecomunicações e os transportes de cargas, tributados no âmbito do imposto estadual (ICMS — Imposto sobre Circulação de Mercadorias e de Serviços).
- **Registro municipal**. Realizado na Prefeitura Municipal e constante do alvará de localização e funcionamento, permissão dada para o exercício da atividade em determinado local. Para sua liberação são exigidas algumas licenças, como a do Corpo de Bombeiros, a da Saúde Pública etc., que demandam vistoria.
- **Registros especiais**. Alguns desses registros são necessários para certas atividades. É importante verificar se há peculiaridades que impliquem sua realização, como é o caso, por exemplo, de Representações Comerciais (CORE), Engenharia e Arquitetura (CREA), Turismo (Embratur), instituições financeiras (Banco Central), auditoria (CVM) etc.

Material adicional

Sala Virtual

Os professores que adotarem este livro terão acesso a apresentações produzidas em PowerPoint contendo notas de aulas, disponíveis no site sv.pearson.com.br, protegido por senha. Para acessá-lo, o professor deverá entrar em contato com um representante Pearson ou enviar um e-mail para universitarios@pearson.com. Além disso, o site disponiblizará ao estudante exercícios de múltipla escolha acompanhados de gabarito para conferência das respostas.

1 Conceitos básicos

1.1 A empresa e as obrigações legais: sociedades

A atividade mercantil ou civil exercida por duas ou mais pessoas em conjunto configura a *forma coletiva* ou *societária*, com personalidade jurídica distinta das pessoas físicas dos sócios.

Considera-se *empresário* aquele que exerce profissionalmente uma atividade econômica organizada para a produção ou para a circulação de bens ou de serviços (Lei n. 10.406/2002, art. 966).

Considera-se *empresária* a sociedade que tem por objeto o exercício de atividade própria de empresário sujeito a registro (Novo Código Civil, art. 967), e *simples*, as demais.

As sociedades por ações, qualquer que seja seu objeto, são sempre comerciais, por força de disposição legal (Lei n. 6.404, art. 2º, parágrafo 1º). De acordo com o Novo Código Civil, independentemente de seu objeto, considera-se *empresária* a sociedade por ações, e *simples*, a cooperativa (parágrafo único do art. 982).

A legislação brasileira admite diversos tipos de sociedades, entre elas:

- sociedade simples;
- sociedade em conta de participação;
- sociedade limitada;
- sociedade anônima ou companhia;
- sociedade em comandita simples;
- sociedade cooperativa.

Os tipos mais comuns são a *sociedade limitada* e a *sociedade anônima*. Pode-se afirmar que mais de 95% das sociedades existentes no país são de um desses dois tipos.

1.2 EXERCÍCIO SOCIAL E DEMONSTRAÇÕES FINANCEIRAS

O contrato ou estatuto social fixa o exercício social, que deve compreender, obrigatoriamente, um período de doze meses, com exceção dos casos de início de negócio ou alteração do contrato ou estatuto social (Lei 6.404/76, art. 175, paragráfo único).

O exercício social pode ser iniciado e encerrado em qualquer data do ano civil, abrangendo, por exemplo, de 1º de fevereiro a 31 de janeiro do ano seguinte, ou de 14 de março a 13 de março do ano seguinte. Na data fixada para o encerramento do exercício social devem ser levantadas as demonstrações financeiras da sociedade.

As pessoas jurídicas (a partir de agora consideradas sociedades em geral) procuram compatibilizar os períodos da legislação societária e da legislação tributária para a elaboração de apenas um conjunto de demonstrações contábeis. O período-base previsto no regulamento do Imposto de Renda (dado pelo Decreto n. 3.000/99) é igual ao do ano civil (1º de janeiro a 31 de dezembro de cada ano).

As demonstrações financeiras ou contábeis[1] estão previstas no artigo 176 da Lei n. 6.404/76 e compreendem:

- Balanço Patrimonial;
- demonstração do resultado do exercício (DRE);
- demonstração dos lucros ou prejuízos acumulados – DLPA (pode ser elaborada a Demonstração das Mutações do Patrimônio Líquido, que a substitui – Lei n. 6.404/76, artigo 186);
- demonstrações dos fluxos de caixa (DFC) para campanhas com patrimônio líquido superior a R$ 2 milhões;
- demonstração do valor adicionado (DVA), se for companhia aberta;
- notas explicativas.

---

1 A expressão *demonstrações financeiras* é dada na legislação a partir da tradução de *financial statements*. Alguns argumentam que a expressão *demonstrações contábeis* é mais apropriada, uma vez que as demonstrações revelam aspectos econômico-financeiros, patrimoniais e de resultado, e não somente os aspectos financeiros.

As sociedades anônimas devem elaborar e publicar as demonstrações financeiras completas e acompanhadas de notas explicativas. As demais sociedades são obrigadas apenas a elaborar o Balanço Patrimonial, a DRE e a DLPA, não sendo necessária sua publicação. O artigo 1.179 do Novo Código Civil traz a figura do Balanço de Resultado Econômico.

As demonstrações financeiras das sociedades anônimas devem ser aprovadas pela Assembleia Geral Ordinária dos Acionistas — convocada todo ano especialmente para esse fim — e publicadas no prazo de 30 dias a contar da data da referida assembleia. As sociedades limitadas devem aprovar as demonstrações em até 120 dias após o seu encerramento, em reunião ou assembleia de sócios (artigos 1.072 e 1.078 do Novo Código Civil).

1.3 A Contabilidade dentro da organização

A atividade administrativa visa à combinação dos recursos da empresa ou de terceiros para o cumprimento da meta, que, em geral, consiste no lucro. A gestão administrativa implica, portanto:

- planejamento;
- definição de metas;
- tomada de decisões;
- execução das decisões tomadas;
- controle dos efeitos e administração dos riscos advindos das decisões tomadas.

O administrador utiliza o sistema de informações originado pela Contabilidade, por ser o arquivo "legal" de todas as operações da empresa.

A Contabilidade nada mais é do que parte importante do sistema de informações.

A Contabilidade capta dados, processa-os e fornece-os aos seus usuários na forma de demonstrativos contábeis ou relatórios. Estes são produzidos de acordo com as necessidades desses indivíduos, que, normalmente, são:

- usuários de caráter interno: conselho de administração, diretoria, gerência;
- usuários de caráter externo: acionistas, órgãos fiscalizadores, aplicadores em geral, clientes, bancos, assessores e analistas financeiros.

1.3.1 Relatórios de caráter externo

Para o atendimento dos usuários de caráter externo, a Contabilidade produz demonstrações financeiras (em geral anuais) constituídas de:

- Balanço Patrimonial;
- DRE;
- DMPL;
- DFC;
- DVA;
- notas explicativas (como complemento informacional).

Essas demonstrações financeiras atendem às necessidades dos usuários externos, que, em certas circunstâncias, podem solicitar informações adicionais ou esclarecimentos sobre algumas das informações apresentadas. É o caso dos órgãos fiscalizadores, por exemplo.

No Brasil, a Comissão de Valores Mobiliários (CVM), órgão responsável pelo controle e pela fiscalização das sociedades de capital aberto, também solicita informações de frequências semestrais e trimestrais. De outro lado, a Receita Federal solicita anualmente a Declaração de Imposto de Renda. Determinados credores, por força contratual, solicitam uma posição quanto às garantias reais dadas em troca de financiamento. Em todos esses exemplos, a Contabilidade serve de base para a elaboração dos documentos solicitados.

A Contabilidade registra as operações da sociedade em sistemas distintos, porém integrados entre si:

1. **sistema patrimonial**: registra as operações e os valores que provocam alterações de patrimônio, originando o Balanço Patrimonial;
2. **sistema de resultados**: registra os movimentos que interferem no resultado do período, originando a DRE;
3. **sistema de custos**: deve estar integrado à Contabilidade financeira e com ela coordenado, por exigência do Decreto n. 1.598/77. Esse sistema pode ser considerado um subsistema do sistema de resultados, uma vez que a síntese deste, dada pela DRE, traz:

	DRE
	Receitas
(–)	**Custos** ←
(–)	Despesas
(=)	Resultado

Se o resultado é positivo, é denominado *lucro*; se é negativo, chama-se *prejuízo*; se é zero, é considerado *nulo*, o que é apenas teórico, no entanto. Assim, o resultado pode ser:

Positivo	→	Lucro
Negativo	→	Prejuízo
Zero	→	Nulo

Em linhas gerais, as informações de caráter externo são as demonstrações financeiras citadas anteriormente, que têm as seguintes finalidades:

1.3.1.1 Balanço Patrimonial

Apresentar a posição financeira e patrimonial da empresa (bens, direitos e obrigações) em determinada data (encerramento do exercício social), representando, portanto, uma posição estática. Em linguagem figurada, é uma fotografia de determinado instante, da situação financeira da empresa.

1.3.1.2 DRE

Apresentar, na forma dedutiva, a composição do resultado de determinado período (exercício social) acompanhada dos detalhes necessários das receitas, despesas, ganhos e perdas e definindo claramente o lucro ou o prejuízo líquido do exercício, além de mensurar o lucro e reportar a situação patrimonial em determinados momentos. Está ligada principalmente ao Direito, à Economia e à Administração, pela necessidade de valer-se de conceitos emanados por essas áreas do conhecimento para realizar sua evolução.

1.3.1.3 DLPA

Apresentar a variação da conta "Lucros ou Prejuízos Acumulados", que é integrante do Patrimônio Líquido. Com tal demonstração, podemos conhecer a destinação do resultado ou sua utilização, complementando as informações do Balanço Patrimonial e da DRE. Vamos imaginar que, no Balanço Patrimonial, o saldo de lucros acumulados no ano anterior era de $ 100 e no ano corrente é de $ 130; suponhamos também que a DRE apresente um lucro líquido de $ 50. A DLPA pode evidenciar a distribuição dos dividendos da seguinte forma:

DLPA		
Saldo anterior de lucros acumulados	...	$ 100
(+) Lucro líquido do exercício	...	$ 50
(–) Dividendos distribuídos	...	$ 20
(=) Saldo final de lucros acumulados	...	$ 130

1.3.1.4 DMPL

Fornecer a movimentação durante o exercício nas diversas contas componentes do Patrimônio Líquido (bens + direitos - obrigações) e suas causas em determinado período (exercício social). Essa demonstração amplia o horizonte de visibilidade da DLPA, por demonstrar as variações de todas as contas do grupo Patrimônio Líquido, dentro do Balanço Patrimonial, e não somente a variação do saldo da conta "Lucros ou Prejuízos Acumulados".

Em um exemplo mais completo, vamos verificar que a DMPL demonstrará a variação dos saldos de todas as contas do Patrimônio Líquido, dentro do Balanço Patrimonial. Imaginemos que os saldos das contas do Patrimônio Líquido fossem os seguintes:

CONTA	SALDO ATUAL	SALDO ANTERIOR
Capital Social	$ 240	$ 200
Reservas	$ 140	$ 150
Lucros Acumulados	$ 130	$ 100
Total	$ 510	$ 450

Como foi promovido o aumento do Capital Social? Por que diminuíram as reservas? A DMPL responde. Trata-se de uma planilha, com linhas e colunas, em que as linhas explicam a movimentação e as colunas correspondem às contas Patrimônio Líquido, no Balanço Patrimonial. Teríamos, por exemplo:

Demonstração das mutações do Patrimônio Líquido				
Movimentação	Capital Social	Reservas	Lucros Acumulados	Total
Saldo anterior	$ 200	$ 150	$ 100	$ 450
Aumento de capital em dinheiro	$ 30			$ 30
Aumento de capital com reservas	$ 10	($ 10)		0
Lucro do exercício			$ 50	$ 50
Dividendos distrib.			($ 20)	($ 20)
Saldo atual	$ 240	$ 140	$ 130	$ 510

Conseguimos identificar, além dos motivos conhecidos por meio da DLPA, os motivos que levaram à variação dos saldos:

- houve aumento de Capital Social, com integralização em dinheiro por parte dos sócios, no valor de $ 30;
- houve aumento de Capital Social com a utilização de reservas no valor de $ 10.

Certamente, a elaboração da DMPL substitui a da DLPA, que está nela contida. Note que, realizando a leitura da coluna *Movimentação* e dos valores da conta de *Lucros Acumulados*, temos exatamente a estrutura da DLPA.

1.3.1.5 DFC

Informar a origem dos recursos ingressados nas contas de caixa e equivalentes de caixa, e saber onde eles foram aplicados em determinado período é o objeto da Demonstração de Fluxos de Caixa. O total de ingressos é sempre igual ao total das aplicações, uma vez que a Contabilidade não cria nem faz desaparecer valores.

A estrutura da Demonstração de Fluxo de Caixa é bastante simples, representando a variação do saldo da conta Caixa e das contas equivalentes de caixa. Por exemplo:

Demonstração do Fluxo de Caixa

Das atividades operacionais
Lucro líquido ajustado
Variações nas contas de ativo e passivo circulantes
(adição de aumentos no passivo e reduções por aumento de ativos)
Das atividades de financiamentos
Novos empréstimos, amortizações de empréstimos, integralizações de capital, resultados distribuídos
Fluxo de caixa utilizado em financiamentos
Das atividades de investimentos
Investimentos no Ativo Permanente, e no Realizável a Longo Prazo
Fluxo de caixa utilizado para investimentos
Aumento ou redução de caixa e equivalentes de caixa no período

1.3.1.6 DEMONSTRAÇÃO DO VALOR ADICIONADO

I – Geração do valor adicionado
Receitas operacionais e não operacionais
(-) Custos das mercadorias e dos produtos vendidos
(-) Materiais e insumos
(-) Outros valores
(=) Valor adicionado bruto
(-) Despesas com depreciação, amortização e exaustão
(=) Valor adicionado líquido
(-) Valores recebidos de terceiros (juros e aluguéis)
(=) Valor adicionado à disposição da empresa
II – Distribuição do valor adicionado
Remuneração do trabalho
Remuneração do governo (impostos e contribuições)
Remuneração do capital de terceiros (juros e aluguéis)
Remuneração do capital próprio (dividendos e lucros retidos)
(=) Valor adicionado distribuído

O valor adicionado à disposição da empresa deve ser, necessariamente, igual ao valor adicionado distribuído, fechando a demonstração.

1.3.1.7 NOTAS EXPLICATIVAS

Fornecer as informações adicionais necessárias para melhor avaliação das demonstrações citadas.

As demonstrações financeiras mencionadas são requeridas pela Lei das Sociedades por Ações (Lei n. 6.404/76), exceto no caso da DMPL, que substitui e complementa a demonstração de resultados acumulados. Ainda por exigência dessa lei, elas devem ser apresentadas comparativamente, ou seja, com cifras de dois exercícios sociais. Além disso, fornecem a seus usuários informações para a tomada de decisões, que, em nível externo, podem estar relacionadas:

- a conceder ou não financiamento (no caso de bancos);
- a comprar, a não comprar, a manter ou a vender ações da sociedade (no caso de aplicadores de capital);
- a fornecer ou não materiais, a conceder ou não prazo (no caso de fornecedores).

As empresas de capital aberto (aquelas cujas ações são negociadas na bolsa de valores) são obrigadas, por força de instrução da Comissão de Valores Mobiliários (CVM), a apresentar demonstrações financeiras complementares, denominadas "pela correção integral". Elas têm por objetivo a apresentação de demonstrações financeiras que atendam plenamente ao Princípio do Denominador Comum Monetário.

1.3.2 Relatórios de caráter interno

As informações fornecidas ao usuário de caráter externo também são úteis ao usuário de caráter interno. Entretanto, em razão da dinâmica necessária para a tomada de decisões administrativas, essas informações precisam ter outro grau de detalhamento e maior frequência. Assim, as demonstrações financeiras, por exemplo, em vez de anuais, passam a ser mensais. Algumas instituições, como os bancos, poderiam requerer demonstrações de periodicidade diária (balancetes diários).

Nesses casos, o agrupamento de contas do Balanço Patrimonial teria caráter menos genérico, e a DRE conteria dados comparativos mensais. Os componentes da DRE seriam mais detalhados, incluindo, por exemplo, vendas por produto, custos e despesas por natureza e departamento etc. Além disso, os usuários de caráter interno poderiam requerer outras informações, pelo fato de serem responsáveis por tomadas de decisões mais rápidas e dinâmicas, tais como:

- orçamento de vendas, de produção e de materiais;
- relatórios de custos para gestão;
- *Balanced scorecard* etc;

1.3.3 Auditoria interna

O principal objetivo desse tipo de auditoria é descobrir e prevenir possíveis falhas e até fraudes por meio da avaliação da adequação e da verificação da eficiência do sistema de controles internos utilizados por uma empresa. A auditoria interna é realizada por uma equipe de funcionários contratados pela organização especialmente para esse trabalho.

Como o sistema de controles internos tem por finalidade salvaguardar os ativos da empresa, que são controlados pela Contabilidade, os auditores internos atuam principalmente por meio de seus registros e relatórios e sobre ambos.

1.3.4 Auditoria externa

O objetivo desse tipo de auditoria é verificar:

- se as demonstrações financeiras representam a posição econômico--financeira da empresa; e
- se essas demonstrações foram elaboradas de acordo com os Princípios Fundamentais da Contabilidade, aplicados de maneira uniforme em relação ao exercício anterior.

A auditoria externa é realizada por profissionais independentes, externos à organização e que não podem ter sequer grau de parentesco com membros da sociedade. Existe uma legislação específica para esse caso.

2

O Patrimônio: conceitos e classificações

2.1 A empresa e seu esquema gráfico

Nos itens anteriores demonstramos que uma empresa tem vida própria, independentemente da vida de seus sócios ou acionistas.

Dentro desse raciocínio, assim como qualquer pessoa física, uma pessoa jurídica também tem seus bens, direitos e obrigações. A Contabilidade, em síntese, equaciona esses três fatores de modo a demonstrar a posição do patrimônio e das finanças de uma empresa. Essa equação é bastante simples:

BENS + DIREITOS − OBRIGAÇÕES = RIQUEZA LÍQUIDA

A partir dessa equação, e considerando que uma empresa pode ser caracterizada como um conglomerado de recursos econômicos (representados por bens e direitos), obtidos pela aplicação de fundos que foram fornecidos por seus proprietários e por terceiros, poderíamos representá-la graficamente da seguinte maneira:

EMPRESA "X"	
Aplicações	**Origens de recursos**
Bens	De terceiros (obrigações)
Direitos	Dos sócios ou acionistas (ou do empresário individual)

Convém ressaltar um aspecto de fundamental importância que o gráfico nos mostra: "A totalidade dos fundos obtidos pela empresa, de terceiros ou de seus titulares, foi aplicada na aquisição dos bens e direitos necessários à sua atividade econômica". Consequentemente, as áreas totais das fontes e aplicações de fundos são iguais, isto é, de mesmo montante.

Nesse ponto, convém operacionalizar o nosso esquema gráfico. Para tanto, vamos utilizar o seguinte exemplo:

Duas pessoas formam uma empresa, investindo, cada uma, a quantia de $ 10.000. Os fundos obtidos dos acionistas são utilizados na compra de bens (móveis, máquinas, estoques, veículos etc.) necessários às atividades da empresa, no valor total de $ 15.000. Parte dessas aquisições, $8.000, é feita para pagamento futuro (em 90 dias). A quantia de $ 13.000 é destinada para o giro do negócio, sendo mantida no caixa da empresa.

Vejamos como ficaria o gráfico da empresa:

EMPRESA ABC	
Aplicações	**Origens de recursos**
Bens e direitos:	De terceiros: $ 8.000
$ 28.000 (*)	Dos sócios: $ 20.000

(*) sendo:

	$
Caixa	13.000
Móveis, máquinas, estoques, veículos etc.	15.000
	28.000

2.2 A LINGUAGEM CONTÁBIL APLICADA AO ESQUEMA GRÁFICO DA EMPRESA

Se desejássemos empregar a linguagem contábil em nosso gráfico, teríamos de utilizar a seguinte convenção, estabelecida pela Contabilidade:

- os bens e direitos de uma empresa são os seus ativos;

- os recursos de terceiros, ou seja, suas obrigações, são o seu Passivo exigível;
- os fundos obtidos dos seus titulares são o seu Patrimônio Líquido.

Assim, o setor esquerdo do nosso gráfico representaria o *Ativo* da empresa, e o direito representaria suas obrigações para com terceiros (*Passivo Exigível*), e a participação ou os direitos de seus titulares na empresa (*Patrimônio Líquido*):

APLICAÇÕES	ORIGENS DE RECURSOS
ATIVO	PASSIVO EXIGÍVEL
	PATRIMÔNIO LÍQUIDO

No exemplo anterior, teríamos, na linguagem contábil, o seguinte esquema gráfico:

ATIVO	PASSIVO EXIGÍVEL $ 8.000
$ 28.000	PATRIMÔNIO LÍQUIDO $ 20.000

Detalhando um pouco mais o nosso esquema gráfico na linguagem contábil, teríamos:

ATIVO		PASSIVO	
Numerário	$ 13.000	Contas a pagar	$ 8.000
Móveis, máquinas, veículos etc.	$ 15.000	**PATRIMÔNIO LÍQUIDO**	
		Capital Social	$ 20.000
	$ 28.000		$ 28.000

Simplificando esse esquema gráfico, teríamos:

EMPRESA ABC LTDA.			
Ativo		Passivo	
Numerário	$ 13.000	Contas a pagar	$ 8.000
		Patrimônio Líquido	
Móveis, máquinas, veículos, etc.	$ 15.000	Capital Social	$ 20.000
	$ 28.000		$ 28.000

Os totais dos dois lados do Balanço Patrimonial são iguais. Desse modo, alguns autores e a própria legislação denominam, genericamente, todo o lado direito de *Passivo Total*.

Cuidado para não se enganar!

Quando falamos que o total do Ativo é igual ao total do Passivo, estamos utilizando a denominação genérica de Passivo, identificando todo o lado direito do Balanço Patrimonial.

Caso não fosse assim, sendo o Ativo igual ao Passivo Exigível, o Patrimônio Líquido, que representa a riqueza líquida, seria sempre zero! (Isso raramente ocorre em uma empresa, é apenas um conceito teórico.)

O Patrimônio Líquido pode ser, então, positivo ou negativo. Caso seja negativo, é conhecido como *Passivo a Descoberto*, expressão derivada do fato de que o total de ativos não consegue suprir (ou cobrir) o total de obrigações (passivos), que ficam sem cobertura (a descoberto).

Assim, montamos a equação patrimonial — que é a base da Contabilidade — em uma nova linguagem, ou seja, na linguagem contábil:

Ativo = Passivo Exigível + Patrimônio Líquido

ou graficamente:

$$A = \begin{matrix} PE \\ + \\ PL \end{matrix}$$

Outro detalhe importante, demonstrado sem que se tenha percebido, diz respeito à representação gráfica contábil, que denominamos *conta*. Assim, nosso último esquema gráfico simplificado nada mais é que um agrupamento de contas que registram as operações efetuadas na empresa até o momento.

O significado do termo *conta* em Contabilidade é diferente de seu significado matemático — 2 + 3 = 6, por exemplo, é uma conta. Neste caso, uma conta errada, mas não deixa de ser uma conta, no sentido matemático. Na Contabilidade, uma conta reúne elementos ou conceitos de natureza semelhante. Assim, temos a *conta Caixa*, a *conta Bancos*, a *conta Estoques* etc.

Cada conta representa o saldo e a movimentação dos registros daquele tipo de item. O nome dado a uma conta (sua nomenclatura) não é definido em lei. Alguns nomes, no entanto, são usuais. Podemos chamá-la de *Dinheiro*, mas é mais usual denominá-la *Caixa*. Podemos chamar a conta que agrega os valores a receber, decorrentes das vendas, de *Duplicatas a receber* ou de *Clientes* etc. De uma forma, estaremos identificando os títulos a receber (duplicatas) e, de outra, os devedores (clientes). A conta *Estoques* também é um bom exemplo disso. Ela pode receber o nome de *Estoques*, *Mercadorias*, *Estoques de mercadorias* e até mesmo *Almoxarifado*, que, embora menos usual, pode ser encontrado em balanços patrimoniais publicados.

Vejamos outro exemplo: veículos, prédios e máquinas são bens de uma empresa destinados às suas operações e, portanto, podemos demonstrá-los como bens ou por tipo de bem. A primeira forma seria sintética e a segunda, analítica. Contudo, não poderíamos somar a eles os estoques, pois estes destinam-se à venda ou à industrialização.

Na prática, podemos ter os valores apresentados de forma mais sintética ou mais analítica. Quanto mais sintética a apresentação, menores os níveis de informação e de detalhamento. Quanto mais analítica a apresentação dos saldos, maior o nível de informação, o que pode ser mais benéfico para a gestão organizacional.

Caso prático

Dados os itens abaixo, classificá-los em bens, direitos e obrigações, montar a equação patrimonial, identificar o valor do Patrimônio Líquido e demonstrar a composição do Ativo e do Passivo.

Dados:

• Dívidas com bancos	$ 40.000
• Valor a pagar para fornecedores	$ 12.000
• Máquinas	$ 20.000
• Estoques destinados à venda	$ 10.000

- Dinheiro $ 5.000
- Duplicatas a receber de clientes $ 18.000
- Aplicações financeiras $ 15.000

CASO PRÁTICO — SOLUÇÃO

a) Classificação:

BENS		
Máquinas		$ 20.000
Estoques destinados a venda		$ 10.000
Dinheiro		$ 5.000
Aplicações financeiras		$ 15.000
	Total dos bens	$ 50.000
DIREITOS		
Duplicatas a receber		$ 18.000
	Total dos direitos	$ 18.000
OBRIGAÇÕES		
Dívidas com bancos		$ 40.000
Valor a pagar para fornecedores		$ 12.000
	Total das obrigações	$ 52.000

b) Equação patrimonial / valor do Patrimônio Líquido:

Patrimônio Líquido = Bens + Direitos – Obrigações
PL = $ 50.000 + $ 18.000 – $ 52.000
PL = $ 16.000

c) Composição do Ativo e do Passivo:

ATIVO		PASSIVO	
Caixa	$ 5.000	Empréstimos	$ 40.000
Aplic. financeiras	$ 15.000	Fornecedores	$ 12.000
Dupl. a receber.	$ 18.000		
Estoques	$ 10.000	Patrimônio Líquido	$ 16.000
Máquinas	$ 20.000		
Total	$ 68.000	Total	$ 68.000

No Ativo, as contas devem aparecer na ordem decrescente de liquidez, em conformidade com o parágrafo 1º do artigo 178 da Lei das S/As (Lei n. 6.404/76). No Passivo, a praxe é utilizar a apresentação das contas por ordem decrescente de exigibilidade, por analogia.

2.3 O método das partidas dobradas

Antes de falarmos desse método, convém ressaltar algo que já foi visto nos itens anteriores e que, provavelmente, passou despercebido. Convencionou-se, no mundo inteiro, que o Ativo deve ser sempre demonstrado do lado esquerdo e o Passivo, do lado direito.

Como o próprio nome diz, o balanço de uma empresa é, na verdade, uma "balança" na qual são colocados, de um lado, os bens e direitos e, de outro, as obrigações, sendo que ambos os lados devem ter o mesmo peso, ou seja, o mesmo valor. Desse modo, o Ativo deve ser sempre igual ao Passivo Total. A partir desse conceito foi criado o *método das partidas dobradas*, no qual o registro das operações deve ser feito sempre com uma contrapartida.

Suponha, por exemplo, uma empresa que compra uma máquina a prazo. Nesse caso, ocorre aumento de seus bens e, em contrapartida, o aumento de suas obrigações pela dívida assumida.

Convencionou-se que as contas do Ativo seriam de natureza *devedora* e as contas do Passivo Exigível e Patrimônio Líquido, de natureza *credora*. Assim, os saldos das contas seriam sempre:

Ativo = Contas devedoras (saldo devedor)
Passivo e Patrimônio Líquido = Contas credoras (saldo credor)

O razonete é a representação didática do *livro Razão*, que, na Contabilidade, é uma cópia do livro de escrituração, conhecido como *livro Diário*. A diferença entre o livro Diário e o livro Razão é que, no segundo, os lançamentos são apresentados conta a conta, ao passo que no primeiro aparecem apenas por ordem cronológica, sem separação por conta. Os razonetes são esses pequenos "Ts" apresentados a seguir.

Assim, *débitos* são aplicações e *créditos* são as origens de recursos, como já explicado. Note que o significado dos termos é diferente de seu sentido financeiro, em que o débito corresponde ao que devo, e o crédito diz respeito ao que tenho a receber.

Salvo exceções, as contas do Ativo têm saldo devedor (débito) e as do Passivo Exigível e do Patrimônio Líquido têm saldo credor. Apenas algumas contas possuem saldo contrário à regra geral, sendo por isso denominadas *Contas Redutoras* ou *Contas Retificadoras*. É o caso da conta de *Depreciação* ou de

Amortização acumulada no Ativo, ou ainda da conta de Prejuízos Acumulados, ou a de Ações em Tesouraria, dentro do Patrimônio Líquido.

Pela natureza das contas do Ativo e do Passivo Exigível e do Patrimônio Líquido, podemos concluir que aumentos ou diminuições devem se processar conforme demonstrado no esquema a seguir:

Razonetes

Contas do Ativo	
(+) Debitar	(–) Creditar

Contas do Passivo	
(–) Debitar	(+) Creditar

Contas do Patrimônio Líquido	
(–) Debitar	(+) Creditar

(+) Aumento
(–) Diminuição

Esse esquema, denominado razonete, configura uma conta e apresenta sua movimentação. Bastante claro, ele nos mostra que, para aumentar uma conta de natureza devedora, devemos debitá-la. Para diminuir essa conta, devemos creditá-la. O processo inverso é efetuado para as contas de natureza credora.

Para aumentar o saldo no Ativo, debitamos a conta, ao passo que, para reduzi-lo, creditamos essa conta. No Passivo ocorre o contrário. O Patrimônio Líquido segue a lógica do Passivo Exigível.

Vamos registrar a operação da constituição de uma empresa por três sócios, com capital social de $ 100.000, integralizado por um sócio à razão de 50% em dinheiro, pelo segundo sócio à razão de 30%, com a entrega de um imóvel, e pelo terceiro sócio, a $ 20.000, mediante a entrega de um veículo. Nos razonetes a contabilização ficaria demonstrada da seguinte maneira:

Caixa	
$ 50.000	

Imóveis	
$ 30.000	

Móveis	
$ 20.000	

Caixa Social	
	$ 100.000

Observe que, por convenção, as contas do Ativo recebem o lançamento do lado esquerdo, o lado do débito (saldo devedor). A conta representativa do Capital Social, por estar do lado direito do Balanço Patrimonial, terá saldo credor, lançado, portanto, do lado direito. Partindo desse mesmo exemplo, imaginemos que o valor de $ 45.000, retirado da conta Caixa, seja depositado em uma conta corrente bancária. O lançamento seria assim apresentado:

	Caixa	
	$ 50.000	$ 45.000
Saldo →	$ 5.000	

Banco C/C	
$ 45.000	

O valor *debitado* na conta Banco C/C *aumenta* de valor, compondo seu saldo inicial, e o valor *creditado* na conta Caixa *diminui* de valor, reduzindo seu saldo inicial para $ 5.000.

Partindo-se dos saldos anteriores, uma compra de estoques no valor de $ 60.000, adquirida com 50% à vista, seria assim demonstrada:

Estoques	
$ 60.000	

Banco C/C	
$ 45.000	$ 30.000
$ 15.000	

Fornecedores	
	$ 30.000

Veja que a conta Estoques, por ser representativa de um bem, tem o valor debitado (lado esquerdo). A conta Banco, por possuir saldo devedor (lado esquerdo), é então creditada (lado direito), diminuindo seu saldo, que fica totalizado em $ 15.000. A conta Fornecedores, que representa uma obrigação (Passivo Exigível), tem seu valor constituído a partir de um lançamento a crédito (lado direito).

No momento em que efetuamos um pagamento ao fornecedor, vamos supor o valor de $ 3.000. Partindo agora do saldo bancário de $ 15.000, teremos:

Banco C/C	
$ 15.000	**$ 3.000**
$ 12.000	

Fornecedores	
$ 3.000	$ 30.000
	$ 27.000

Note que o débito em uma conta de Passivo Exigível (lado direito) diminui seu saldo, do mesmo modo que o crédito em uma conta de Ativo (lado esquerdo).

Agora nosso Balanço Patrimonial estaria assim representado:

EMPRESA ABC — BALANÇO PATRIMONIAL			
Ativo		**Passivo Exigível**	
Caixa	$ 5.000	Fornecedores	$ 27.000
Banco C/C	$ 12.000		
Estoques	$ 60.000		
Móveis	$ 20.000	**Patrimônio Líquido**	
Imóveis	$ 30.000	Capital social	$ 100.000
TOTAL	$ 127.000	TOTAL	$ 127.000

Em resumo, cada operação ou transação originará débitos ou créditos nas contas, segundo o mecanismo de variação abaixo:

	Variação ocorrida	
Contas	**Aumento**	**Diminuição**
Ativas	Débito	Crédito
do Passivo Exigível	Crédito	Débito
do Patrimônio Líquido	Crédito	Débito

Apresentaremos a seguir um quadro-resumo do que já foi visto até agora, no qual é mostrada a mecânica contábil:

ATIVO (onde são registradas as aplicações de recursos)	PASSIVO (onde são registradas as origens dos recursos que entram na empresa)
COMPOSIÇÃO: BENS + DIREITOS	COMPOSIÇÃO: OBRIGAÇÕES COM TERCEIROS E RIQUEZA LÍQUIDA
	• PASSIVO EXIGÍVEL • PATRIMÔNIO LÍQUIDO
NATUREZA: Devedora	NATUREZA: Credora
MOVIMENTAÇÃO: • aumenta por débito • diminui por crédito	MOVIMENTAÇÃO: • aumenta por crédito • diminui por débito

Embora a Contabilidade e o método das partidas dobradas ofereçam segurança quanto aos registros, os itens a seguir podem levar ao encerramento (fechamento) incorreto do Balanço Patrimonial:

- duplicidade de um lançamento;
- falta de um lançamento;
- inversão de um lançamento (em que débito e crédito são invertidos);
- lançamento em uma conta errada;
- erro apenas no valor do lançamento.

Caso prático

1. Considerando o balancete apontado no caso prático anterior, identifique os débitos e créditos que deveriam ser registrados para as operações a seguir. Para tanto, abra os razonetes com os saldos anteriores, já computados pelo exercício anterior. Depois, realize os lançamentos utilizando como contrapartida a conta Caixa, uma vez que a conta Banco surge somente no item "h". O objetivo, aqui, é compreender e fixar a sistemática do método das partidas dobradas.

a) As aplicações financeiras foram integralmente resgatadas (valor de $ 15.000).

b) Parte do saldo de fornecedores foi paga (valor de $ 5.000).

c) O saldo a receber de clientes, no valor de $ 18.000, foi totalmente recebido.

d) Foram pagos $ 10.000 por conta de amortização (pagamento parcial) de empréstimos.

e) Foram comprados estoques no valor de $ 5.000, à vista.

f) Foi obtido um novo empréstimo, no valor de $ 20.000.

g) Foi comprado um veículo, à vista, no valor de $ 15.000.

h) Foram depositados $ 13.000 em um banco, provenientes de dinheiro do caixa.

i) Foram transferidos $ 12.000 do banco para uma aplicação financeira.

2. Elaborar um novo balancete após o registro das operações mencionadas acima.

Caso prático — solução

1.

a)

Débito: Caixa	$ 15.000
Crédito: Aplicações financeiras	$ 15.000

b)

Débito: Fornecedores	$ 5.000
Crédito: Caixa	$ 5.000

c)

Débito: Caixa	$ 18.000
Crédito: Clientes	$ 18.000

d)

Débito: Empréstimos	$ 10.000
Crédito: Caixa	$ 10.000

e)

Débito: Estoques	$ 5.000
Crédito: Caixa	$ 5.000

f)

Débito: Caixa	$ 20.000
Crédito: Empréstimos	$ 20.000

g)

Débito: Veículo	$ 15.000
Crédito: Caixa	$ 15.000

h)

Débito: Banco	$ 13.000
Crédito: Caixa	$ 13.000

i)

Débito: Aplicações financeiras	$ 12.000
Crédito: Banco	$ 12.000

2.

Caixa

$ 5.000	$ 5.000 (b)
(a) $ 15.000	$ 10.000 (d)
(c) $ 18.000	$ 5.000 (e)
(f) $ 20.000	$ 15.000 (g)
	$ 13.000 (h)
$ 10.000*	

Aplic. financeiras

$ 15.000	$ 15.000 (a)
(i) $ 12.000	
$ 12.000*	

Dupl. a receber

$ 18.000	$ 18.000 (c)
0*	

Estoques

$ 10.000	
(e) $ 5.000	
$ 15.000*	

Máquinas

$ 20.000	

Bancos

(h) $ 13.000	$ 12.000 (i)
$ 1.000*	

* Valor correspondente ao saldo da conta após os lançamentos.

Veículos	
(g) $ 15.000	

Empréstimos	
(d) $ 10.000	$ 40.000
	$ 20.000 (f)
	$ 50.000*

Fornecedores	
(b) $ 5.000	$ 12.000
	$ 7.000*

* Valor correspondente ao saldo da conta após os lançamentos.

ATIVO		PASSIVO	
Caixa	$ 10.000	Empréstimos	$ 50.000
Bancos	$ 1.000	Fornecedores	$ 7.000
Aplic. financeiras	$ 12.000		
Estoques	$ 15.000	**PATRIMÔNIO LÍQUIDO**	
Veículos	$ 15.000	Capital Social	$ 16.000
Máquinas	$ 20.000		
Total	$ 73.000	Total	$ 73.000

Note que a conta que recebe o valor do Patrimônio Líquido pode ser a conta Capital Social. O Patrimônio Líquido é apenas o grupo. Quem possui valor é a conta.

2.4 Classificação das contas no Balanço Patrimonial

Entre as diversas maneiras de definir o que é *Balanço Patrimonial*, podemos dizer que se trata da apresentação resumida dos elementos que compõem o patrimônio da sociedade.

A forma de apresentação dessa demonstração contábil tem como objetivo dar a conhecer ao seu usuário (analistas, investidores, governo, financiadores etc.), de maneira estática, onde estavam aplicados os recursos em determinada data e a posição das origens desses recursos.

É importante ter em mente o conceito de aplicação de recursos para que as disponibilidades, os direitos e os bens sejam dissociados de sua natureza e tratados pela sociedade de acordo com sua efetiva utilização e objetivo. Nesse raciocínio, um terreno não é necessariamente um recurso imobilizado. Ele só será classificado dessa forma se tiver caráter permanente para a entidade e servir à manutenção de suas atividades sociais. Por outro lado, um terreno que se destina à venda deixa de representar um recurso imobilizado e se transforma num Ativo Realizável a Longo Prazo ou Circulante.

Nessa linha de consideração, a Lei n. 6.404/76 estabeleceu que, no Balanço Patrimonial, as contas sejam classificadas segundo os elementos do patrimônio que as registrarem e agrupadas de modo a facilitar o conhecimento e a análise da situação da sociedade, denominada *companhia*, por tratar-se de legislação societária aplicável às S/As.

A classificação apresentada a seguir representa a leitura interpretada dos artigos 178 a 182 da Lei n. 6.404, de 15 de dezembro de 1976, que trata da classificação das contas no Balanço Patrimonial. Embora tenha sido mantida a transcrição literal da expressão "da companhia e da empresa", citada diversas vezes na referida lei, é imprescindível destacar que o termo *empresa*, em função do Novo Código Civil (Lei n. 10.406/2002), trouxe uma interpretação nova ao conceito "empresa". Desse modo, devemos entender a extensão da Lei n. 6.404/76 e suas alterações, quando aplicada a regência supletiva (faculdade que permite que a sociedade seja regida supletivamente por outra legislação), utilizada pela permissividade do artigo 1.053 do Novo Código Civil.

Assim, no Ativo e no Passivo, as contas são dispostas em ordem decrescente de grau de liquidez (de acordo com o parágrafo 1º do art. 178 da Lei n. 6.404/76) e de exigibilidade (sem previsão legal), de acordo com os seguintes grupos:

2.4.1 Ativo

2.4.1.1 Ativo Circulante (Lei n. 6.404/76, art. 179, inciso I)

- As disponibilidades, incluindo os valores das contas Caixa, Bancos e Aplicações financeiras (de curto prazo).
- Os direitos realizáveis no exercício social em curso ou no exercício subsequente (veja o conceito de exercício social).
- Os estoques destinados à venda ou produção (estoques de produtos acabados, em elaboração, matérias-primas e insumos, estoques de material de consumo, entre outros).
- As aplicações de recursos em despesas antecipadas (como os seguros pagos antecipadamente, que se tornam um direito de estar segurado pelo prazo previsto na apólice).

Note que não podemos considerar o pagamento de uma apólice de seguro como despesa dentro da DRE, porque ainda não a consumimos. Esse direito, quando da passagem do tempo, é levado ao resultado mediante lançamentos contábeis. Vamos partir do saldo bancário de $ 15.000 e adquirir uma apólice de seguro à vista, no valor de $ 1.200. Nesse caso, a contabilização seria:

	Banco C/C		Seguros pagos (despesa antecipada)	
	$ 15.000	$ 1.200	$ 1.200	
Saldos →	**$ 13.800**		**$ 1.200**	

O débito na conta Seguros pagos caracteriza uma despesa antecipada, representando o direito de estarmos segurados, por exemplo, por um período de doze meses (prazo da apólice). Quando da passagem de cada mês, haveria o lançamento da apropriação da despesa antecipada (que está no Ativo Circulante) como despesa propriamente dita (na DRE). Nos razonetes teríamos:

	Seguros pagos		Despesa com seguros (DRE)	
	$ 1.200	$ 100	$ 100	
Saldos →	**$ 1.100**		**$ 100**	

Observe que ocorre redução no saldo da conta de Ativo, representando agora o direito de estar segurado por apenas onze meses, e surge uma conta de despesa (efetivamente apropriada por seu consumo) na DRE.

Assim, podemos dizer que há dois tipos de despesas: as despesas propriamente ditas (na DRE) e as despesas pagas antecipadamente (despesas antecipadas no Ativo).

> Ativo não circulante: dividido em ativo realizável a longo prazo, investimentos, imobilizado e intangível.

2.4.1.2 Ativo Realizável a Longo Prazo (Lei n. 6.404/76, art. 179, inciso II)

Os direitos realizáveis após o curso do exercício seguinte (pelo conceito de exercício social).

Os direitos derivados de vendas, adiantamentos ou empréstimos a sociedades coligadas ou controladas, diretores, acionistas ou participantes no lucro da companhia que não constituírem negócios usuais na exploração do objeto social da companhia. Nesse caso, o fator preponderante para a classificação dessa transação no realizável a longo prazo não é o prazo de realização, mas a condição do devedor.

2.4.1.3 Ativo Permanente (nomenclatura extinta pela Lei n. 11.941/2009)

- Investimentos (Lei n. 6.404/76, art. 179, inciso III)
  Participações permanentes em outras sociedades e os direitos de

qualquer natureza, não classificados no Ativo Circulante, e que não se destinam à manutenção da atividade da companhia ou da empresa.

- Ativo Imobilizado (Lei n. 6.404/76, art. 179, inciso IV)
  Direitos que tenham por objeto bens corpóreos destinados à manutenção das atividades da empresa ou exercidos com essa finalidade, inclusive os decorrentes de operações que transfiram a companhia os benefícios, riscos e controle desses bens.

A diferença entre as contas do subgrupo de Investimentos e de Imobilizado é a relação com a atividade da organização. Caso tenhamos adquirido um terreno, por exemplo, este será classificado como investimento, por não ter relação com a atividade da empresa. Porém, se esse mesmo terreno fosse adquirido com vistas à construção de um galpão para armazenamento de materiais de produção e estoques, por exemplo, ele seria classificado como recurso imobilizado, por guardar relação com nossa atividade. Tal classificação pode ser alterada em função de mudanças na política de destinação e uso dos ativos (a intenção de uso deve ser representada no Balanço Patrimonial).

A depreciação representa a perda do valor de um Ativo pelo uso, consumo, passagem do tempo ou obsolescência tecnológica. A depreciação dos itens de Ativo imobilizado é contabilizada em contas separadas das contas que apresentam seus valores. Desse modo, ao final do período de depreciação, o bem pode continuar existindo, mas estará totalmente depreciado. Vejamos os razonetes que representam o lançamento da depreciação:

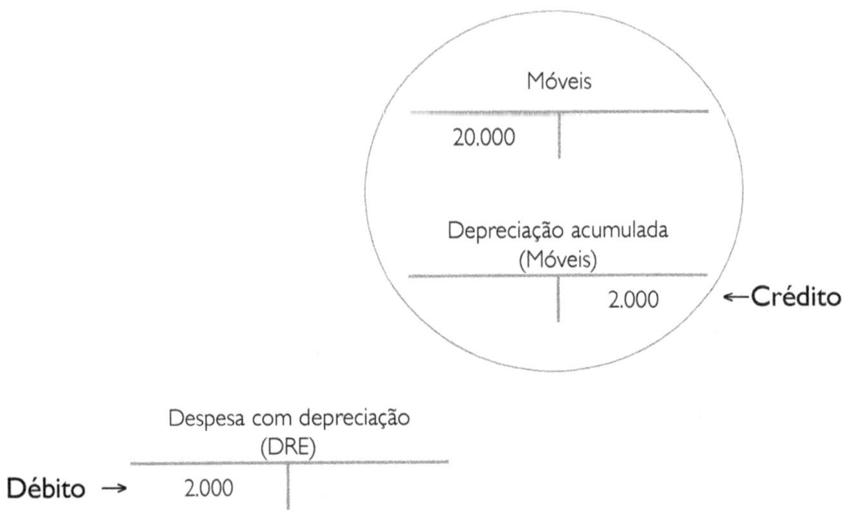

Os valores da depreciação são calculados segundo o modelo ou método de depreciação utilizado (linear, exponencial etc.). O Regulamento do Imposto de Renda (RIR), hoje dado pelo Decreto n. 3.000/99, aceita o método linear (ou método da linha reta) para efeitos de dedutibilidade fiscal da despesa com depreciação. Caso outro método seja utilizado e gere uma despesa superior às taxas definidas no RIR, deve ser realizado o ajuste fiscal correspondente. No Capítulo 5, que trata especificamente do imobilizado, são apresentadas algumas dessas taxas.

Assim como para os bens corpóreos, os valores de intangíveis podem ser levados à DRE. No entanto, por se tratar de ativos intangíveis, o nome dado ao processo é *amortização*, em vez de depreciação (para ativos tangíveis). Quando se trata de recursos naturais não renováveis, a denominação é *exaustão*.

- Ativo Intangível (Lei n. 6.404/76, art. 179, inciso VI - redação dada pela Lei n. 11.638/2007)
  São classificados como intangíveis os direitos que tenham por objeto bens incorpóreos destinados à manutenção da companhia ou exercido com essa finalidade, inclusive o fundo de comércio adquirido.

2.4.2 Passivo (Lei n. 6.404/76, art. 180, com nova redação dada pela Lei n. 11.941/2009)

2.4.2.1 Passivo Circulante

Todas as obrigações da companhia com vencimento até o término do exercício social seguinte.

2.4.2.2 Passivo não circulante

Todas as obrigações da companhia quando tiverem vencimentos após o término do exercício seguinte.

2.4.2.3 Resultado de Exercícios Futuros (Lei n. 6.404/76, art. 181)

Receitas de exercícios futuros, diminuídas dos custos e despesas a elas correspondentes. Devem ser englobados aqui resultados futuros recebidos ou faturados antecipadamente, mas para os quais não haja nenhum tipo de obrigação de devolução por parte da empresa. Por esse motivo, as Normas Brasileiras de Contabilidade, especificamente a NBC-T 3, não contemplam esse grupo de contas. (Revogado pela Lei n. 11.941/2009.)

2.4.3 Patrimônio Líquido (Lei n. 6.404/76, art. 182)

2.4.3.1 Capital Social

Discriminará o capital subscrito e, por dedução, a parcela ainda não realizada (ou integralizada).

Vamos supor que, na integralização inicial do capital, um dos sócios integralize $ 50.000 em dinheiro, outro $ 30.000, mediante a entrega de um imóvel, e o terceiro, que não possui bens ou dinheiro, fique com o capital a integralizar. Isso é possível, e os sócios devem fazer constar o prazo e a forma de tal integralização futura em uma cláusula do contrato social. Assim, o lançamento contábil inicial seria:

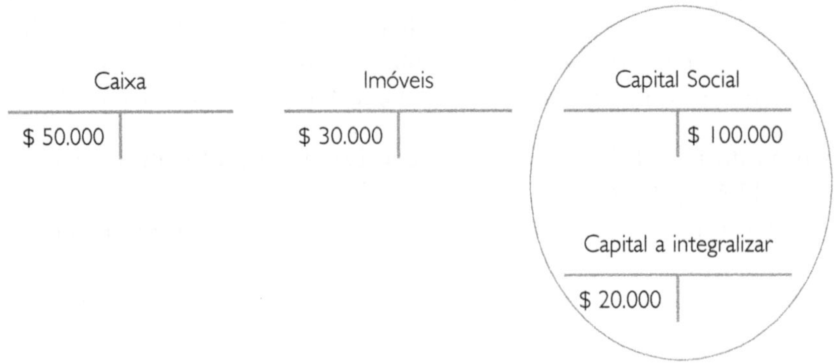

É importante perceber que o total debitado é de $ 100.000, igual ao total creditado, encerrando o lançamento contábil (partidas dobradas). Perceba ainda que o saldo da conta Capital a integralizar fica do lado esquerdo (devedor), diminuindo o saldo do Capital Social dentro do Patrimônio Líquido.

Quando da integralização por parte do sócio (vamos supor que seja feita em dinheiro), as parcelas de $ 2.000 ingressarão no Caixa, diminuindo o capital a integralizar (por contrapartida). Então, teremos o seguinte lançamento, a cada parcela integralizada:

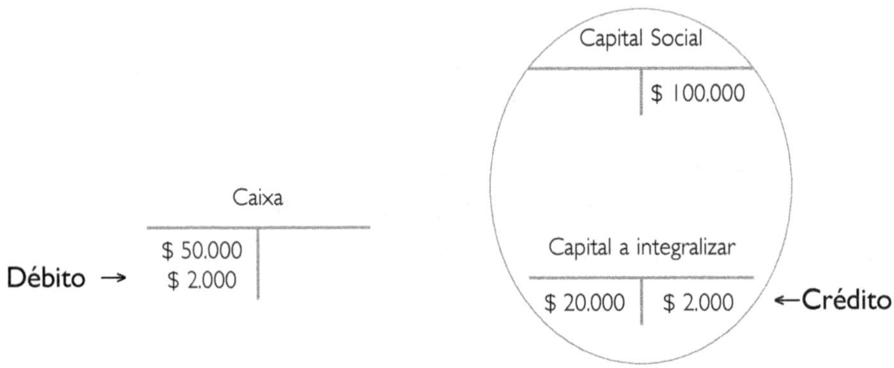

2.4.3.2 Reservas de capital (parágrafo 1º do art. 182 da Lei n. 6.404/76)

- Contas que registrarem a contribuição do subscritor de ações que ultrapassarem o valor nominal, e parte do preço de emissão das ações sem valor nominal que ultrapassarem a importância destinada à formação do Capital Social, inclusive nos casos de conversão em ações de debêntures ou partes beneficiárias.

- Contas que registrarem o produto da alienação de partes beneficiárias e de bônus de subscrição.
- Resultado da correção monetária do capital realizado, enquanto não capitalizado (a sistemática da correção monetária foi extinta pela Lei n. 9.249/95, para todos os fins, inclusive societários; no entanto, algumas organizações ainda mantêm saldos anteriores nas contas de reservas de capital).

Suponhamos que a empresa emita 100 mil ações, cada qual com valor nominal de $ 1,00, e as venda por $ 1,30, em função da expectativa de rentabilidade futura esperada pelo mercado. A entrada de caixa será de $ 130.000 (correspondente a $ 1,30 x 100.000 ações). A contabilização será, portanto:

Caixa		Capital Social		Ágio na emissão de ações	
$ 130.000			$ 100.000		$ 30.000

A conta Ágio na emissão de ações será classificada, dentro do Patrimônio Líquido, como uma reserva de capital, uma vez que a reserva originou-se do capital social.

2.4.3.3 Ajustes de avaliação patrimonial (parágrafo 3º do art. 182 da Lei n. 6.404/76 com a redação dada pela Lei n. 11.638/2007)

Serão classificadas como ajustes de avaliação patrimonial, enquanto não computadas no resultado do exercício em obediência ao regime de competência, as contrapartidas de aumentos ou diminuições de valor atribuído a elementos do Ativo e do Passivo, em decorrência da sua avaliação a preço de mercado.

2.4.3.4 Reservas de lucros

Contas constituídas pelas apropriações de lucros da companhia.

Entre as reservas de lucros, a mais comum é a *reserva legal*, constituída à razão de 5% do lucro líquido do exercício, até o limite de 20% do Capital Social, ou então, caso somada às reservas de capital, até o limite de 30% do Capital Social (ver arts. 193 a 199 da Lei n. 6.404/76).

A contabilização, dado um lucro de $ 100.000, por exemplo, seria:

Lucro líquido do exercício		Reserva legal	
→ $ 5.000	$ 100.000		$ 5.000 ←

Como a reserva é constituída por meio do saldo da conta de lucro do exercício, ela é genericamente denominada *reserva de lucros*. Do mesmo modo são constituídas as demais reservas de lucros, como as reservas estatutárias, as reservas de lucros a realizar, as reservas de contingências etc. Cada uma será contabilizada separadamente, revelando seu saldo, até mesmo porque, havendo necessidade, deverá ser destinada ou revertida.

2.4.3.5 Lucros (ou prejuízos) acumulados

Resultados de exercícios em andamento, adicionados ao resultado de exercícios anteriores que não tenham sido compensados. O lucro, no final do exercício, deve ser totalmente destinado no caso das S/As (a orientação do comitê de pronunciamentos contábeis OCPC-02 permite o saldo na conta de lucros acumulados para as demais sociedades).

2.4.3.6 Ações em Tesouraria (conta devedora) – parágrafo 5º do art. 183 da Lei n. 6.404/76

Deverão ser destacadas como dedução da conta do Patrimônio Líquido que registrar a origem dos recursos aplicados na sua aquisição.

Esta conta representa o valor das ações da companhia que foram adquiridas por ela própria.

Caso prático

1. Classifique os itens abaixo em Ativo e Passivo, mencionando o grupo (circulante, longo prazo etc.) e a conta.

a) Duplicata a pagar pelo fornecimento de estoque ______________________

b) Máquina destinada à produção ______________________

c) Material destinado à venda ______________________

d) Dinheiro ______________________

e) Saldo bancário (negativo) ______________________

f) Pagamento na aquisição de apólice de seguro ______________________

g) Contas a receber em 360 dias ______________________

h) Contas a pagar em 720 dias ____________

i) Duplicatas a receber por venda de estoques ____________

j) Empréstimos a pagar em 30 dias ____________

l) Obra de arte ____________

2. Com base na solução-modelo do exercício anterior, elabore um novo Balanço Patrimonial, classificando o Ativo e o Passivo, por grupo, considerando os seguintes dados adicionais:

- O Patrimônio Líquido é composto pela conta Capital Social.
- 40% da parcela dos empréstimos vencerá após dois anos.

Caso prático – solução

1.

a) Passivo Circulante – Fornecedores

b) Ativo Permanente – Imobilizado – Máquinas

c) Ativo Circulante – Estoques

d) Ativo Circulante – Caixa

e) Passivo Circulante – Empréstimos

f) Ativo Circulante – Despesas pagas antecipadamente

g) Ativo Circulante – Contas a receber

h) Passivo Exigível a Longo Prazo – Contas a pagar

i) Ativo Circulante – Duplicatas a receber (Clientes)

j) Passivo Circulante – Empréstimos

k) Ativo Não Circulante – Investimentos

ATIVO		PASSIVO	
Circulante		**Circulante**	
Caixa	$ 10.000	Empréstimos	$ 30.000
Bancos	$ 1.000	Fornecedores	$ 7.000
Aplicações financeiras	$ 12.000	Total Circulante	$ 37.000

Estoques	$ 15.000	**Não Circulante**	
Total do Circulante	$ 38.000	Empréstimo	$ 20.000
Não Circulante 20.000		Total Não Circulante	$
Veículos	$ 15.000	**PATRIMÔNIO LÍQUIDO**	
Máquinas	$ 20.000	Capital Social	$ 16.000
Total do Não Circulante	$ 35.000	Total Não Circulante	$ 16.000
TOTAL	$ 73.000	TOTAL	$ 73.000

3

A apuração dos resultados

Poderíamos definir *lucro* como o aumento do Patrimônio Líquido de uma empresa em decorrência de suas operações, durante certo período de tempo. Isto é, um aumento do Patrimônio Líquido que ocorre em função das próprias operações da empresa.

Enquanto o lucro decorre do maior valor das receitas em relação ao das despesas, o *prejuízo* decorre da situação inversa e vai representar uma redução no Patrimônio Líquido proveniente das operações.

É possível, entretanto, que essas definições não sejam suficientemente claras. Vejamos, então, por outra linha de raciocínio — o raciocínio econômico —, o que vem a ser esse lucro ou prejuízo.

No decorrer de suas operações, a empresa consome recursos econômicos, representados por mão de obra, matérias-primas e insumos, energia elétrica etc., na expectativa de gerar recursos econômicos ou riquezas, a partir daquilo que é consumido para a fabricação de seus produtos.

Todo processo de produção e criação de riquezas baseia-se na premissa de que sejam obtidas mais riquezas do que aquelas que se consomem na produção. Esse saldo é o lucro, que a Contabilidade procura determinar para cada empresa, sociedade ou entidade. Assim, o lucro é a diferença entre a receita que se obtém nas operações de uma empresa, as despesas e o custo total dessas operações.

Se uma empresa adquire matéria-prima por $ 100, processa-a utilizando $ 150 em horas de mão de obra e obtém um produto pronto para ser vendido, o custo desse produto terá sido de $ 250. No processo produtivo, essa empresa terá consumido recursos que lhe custaram $250. Se o valor da produção dessa empresa for avaliado pelo mercado em $ 370, ela terá criado riquezas, por meio de suas operações, no valor de $ 120. Ao vender por $ 370 um produto que lhe custou $ 250, essa empresa também obterá um lucro de $ 120.

Pensemos um pouco em como essas transações seriam refletidas no Balanço Patrimonial da empresa. Suponhamos que o Balanço Patrimonial dessa empresa, antes da compra da matéria-prima, fosse o seguinte:

EMPRESA ABC	
Balanço Patrimonial	
ATIVO	PASSIVO
Caixa.......$ 1.000	Contas a pagar....... $ 500
Ferramentas....... $ 500	Capital ....$ 1.000
$ 1.500	$ 1.500

Ao contratar a mão de obra para beneficiar sua matéria-prima, transformando-a em produtos acabados, a empresa não sofreu nenhuma alteração no total de ativos, pois houve apenas substituição de um ativo "Caixa" por outro, ou seja, houve valorização da matéria-prima. Podemos dizer que o valor dos salários pagos foi incorporado à matéria-prima quando ela foi transformada em produto acabado. Então, o Balanço Patrimonial seria o seguinte:

EMPRESA ABC	
Balanço Patrimonial	
ATIVO	PASSIVO
Caixa....... $ 750,00	Contas a pagar....... $ 500
Produtos acabados....... $ 250,00	Capital ....$ 1.000
Ferramentas .... $ 500,00	
$ 1.500,00	$ 1.500

Contudo, na venda desse produto acabado por $ 370, ocorreu igualmente a troca de um ativo Produtos Acabados por um ativo Caixa. Somente aqui os valores não coincidem, uma vez que o total que entrou em caixa foi maior que o total com que saíram os produtos acabados.

Comprovou-se aqui o que o economista chamaria de *criação de riquezas*, isto é, o mercado reconheceu, no produto que a empresa lhe oferecia, um valor maior do que os recursos que a empresa consumiu ou aplicou para a criação desse produto.

Para o contabilista[1], verificou-se um aumento nos ativos de uma empresa, não devido a recursos externos trazidos por terceiros (empréstimos) ou pelos sócios (integralização de capital), mas às operações da empresa. Nessas condições, o aumento de ativos equivaleu à criação de riquezas, ou seja, as operações trouxeram mais riquezas para a empresa do que ela possuía anteriormente.

A quem pertence essa riqueza ou recursos adicionais? Como essas operações não implicaram nenhuma alteração no total devido pela empresa a terceiros, conclui-se que esse acréscimo de recursos veio beneficiar os proprietários dela, aumentando a parte do Balanço Patrimonial no qual são demonstrados os recursos originados dos proprietários, ou seja, sob a rubrica de Lucros Acumulados.

Apresentamos o balanço de uma empresa hipotética, após a venda das mercadorias:

EMPRESA ABC	
Balanço Patrimonial	
ATIVO	PASSIVO
Caixa .... $ 1.120	Contas a pagar .... $ 500
Ferramentas .... $ 500	Capital .... $ 1.000
	Lucros Acumulados .... $ 120
$ 1.620	$ 1.620

A essa altura, não seria difícil imaginar o que aconteceria se, em vez de vender esses produtos por $ 370, a empresa os tivesse vendido por $ 200. Isso significaria que os recursos empregados na industrialização de seus produtos valiam mais que os produtos que ela foi capaz de fabricar. Deu-se, pois, um fenômeno oposto ao da criação de riquezas, ou seja, houve prejuízo.

Como agora a empresa possui menos do que possuía anteriormente (pois trocou mercadorias no valor de $ 250 por caixa no montante de $ 200), e dado que isso não alterou em nada o total devido pela empresa a terceiros, conclui-se que essa perda vem inteiramente em detrimento dos proprietários, como Prejuízos Acumulados, que são igualmente demonstrados no Patrimônio Líquido, reduzindo o seu total.

Poderíamos concluir dizendo que a Demonstração de Resultados representa de forma analítica os itens que provocaram as variações verificadas no Patrimônio Líquido decorrentes das operações da empresa.

1 *Contabilista* é o termo utilizado para denominar, genericamente, os profissionais da área. O termo *contador* refere-se, especificamente, aos profissionais de nível universitário.

3.1 O REGISTRO CONTÁBIL DAS RECEITAS E DESPESAS

3.1.1 O QUE SÃO RECEITAS?

Receita pode ser explicada como um fluxo de elementos para o Ativo, sem correspondente aumento de passivo, na forma de dinheiro, títulos a receber ou outros tipos de bens e dinheiros provenientes de terceiros, estando sempre relacionada com a venda de mercadorias ou produtos, ou à prestação de serviços. Uma receita também pode provir de investimentos: a empresa pode, por exemplo, receber juros relativos a depósitos bancários ou a títulos emitidos por terceiros e de sua propriedade (ver o Novo Código Civil, Lei n. 10.406/2002, art. 1.267).

As receitas representam os valores, provenientes das operações de uma empresa, que ela recebe ou tem previsão de receber. Por exemplo:

- receitas de serviços;
- receita de aluguel;
- receita de vendas;
- receitas financeiras etc.

Uma receita sempre resulta no aumento do Patrimônio Líquido. Portanto, o aumento do Ativo compensado pelo aumento do Passivo ou pela diminuição do Ativo não é receita como, por exemplo, a compra de matéria-prima.

Note que o Patrimônio Líquido pode ser aumentado de outra maneira que não por meio de uma receita. Por exemplo, o aumento do capital, por parte dos sócios ou proprietários, leva ao aumento do Patrimônio Líquido, mas não é receita, pois não é um ganho decorrente das atividades da empresa.

3.1.2 O QUE SÃO DESPESAS?

Despesa é o gasto decorrente do uso de bens ou serviços realizados com o objetivo de obter uma receita. Um administrador faz propaganda esperando atrair clientes, contrata empregados a fim de ser servido por eles, aluga locais onde possa estabelecer seus negócios — em todas essas atividades, ele utiliza bens ou serviços com o objetivo de gerar receita, incorrendo, portanto, em uma despesa.

As despesas representam os gastos desembolsados ou previstos pela empresa com o fim de gerar receitas: salários de empregados, impostos e taxas, juros, comissões etc.

Embora as despesas diminuam o Patrimônio Líquido, elas são levadas a efeito na expectativa de que as receitas a que darão origem produzam aumentos do Patrimônio Líquido maiores do que as diminuições produzidas pelas despesas.

3.2 Receitas e despesas — conceituação

A conceituação de receitas e despesas, sinteticamente, é a seguinte:

3.2.1 Receitas: conceitos

Correspondem a acréscimos nos ativos ou decréscimos nos passivos, reconhecidos e medidos em conformidade com os Princípios Fundamentais de Contabilidade[2], resultantes dos diversos tipos de atividade e que podem alterar o Patrimônio Líquido.

Os seguintes termos podem ser empregados como sinônimos de *receita*, de acordo com suas particularidades:

- Receita operacional: corresponde ao evento econômico relacionado com as principais atividades da empresa, independentemente de sua frequência.
- Receita não operacional: corresponde aos eventos econômicos aditivos ao Patrimônio Líquido, não associados com a atividade ou as atividades principais da empresa, independentemente de sua frequência.
- Ganho: corresponde ao evento econômico aditivo ao Patrimônio Líquido, não associado com atividades operacionais.
- Receita (ou lucro) extraordinária: é o evento econômico aditivo ao Patrimônio Líquido que não resulta das operações típicas da empresa, sendo, consequentemente, de natureza eventual.

3.2.2 Despesas, custos e outras nomenclaturas usuais

Genericamente, despesas correspondem a decréscimos nos ativos ou acréscimos nos passivos, reconhecidos e medidos em conformidade com os Princípios Fundamentais de Contabilidade, resultantes dos diversos tipos de atividades, e que possam alterar o Patrimônio Líquido.

Os seguintes termos poderão ser empregados indiscriminadamente como sinônimos de *despesa*:

- Custo: é o preço pelo qual se obtém um bem, direito ou serviço. Por extensão, é também o montante do preço da matéria-prima, da mão

---

[2] Esses princípios constam da Resolução n. 750/93, explicada pela Resolução n. 774/94, ambas emitidas pelo Conselho Federal de Contabilidade. Internacionalmente são conhecidos como Princípios Contábeis Geralmente Aceitos (nomenclatura utilizada na Lei n. 6.404/76).

de obra e de outros encargos incorridos para a produção de bens ou serviços. É, pois, tanto o preço pelo qual um bem ou serviço é adquirido, como o preço incorrido no processo interno da empresa para a prestação de serviços ou a obtenção de bens, para venda ou uso interno. O custo, num primeiro momento, não acarreta alteração do Patrimônio Líquido, uma vez que tais gastos farão parte de um ativo (produto acabado, imóveis em construção etc.). Ele só altera o Patrimônio Líquido quando o bem ao qual foi agregado é vendido. Nesse momento teremos o custo dos produtos vendidos, que, no caso, altera o Patrimônio Líquido.

- Despesa operacional: é o encargo necessário para comercializar os bens ou serviços objeto da atividade, bem como para realizar a manutenção da estrutura empresarial, independentemente de sua frequência. A despesa, embora direta ou indiretamente necessária para a geração da receita, não está associada à prestação do serviço ou à produção do bem, não sendo agregada ao custo.
- Despesa não operacional: corresponde ao evento econômico diminutivo do Patrimônio Líquido, não associado com a atividade principal da empresa, independentemente de sua frequência.
- Prejuízo ou perda: corresponde ao evento econômico diminutivo do Patrimônio Líquido, não associado a atividades operacionais, incluindo as baixas de bens ou direitos que perderam a utilidade para a empresa.
- Prejuízo (ou perda) extraordinário: é o evento econômico diminutivo do Patrimônio Líquido que não resulta das operações típicas da empresa no período contábil, sendo, consequentemente, de natureza inusitada e apresentando alto grau de anormalidade.
- Lucro ou prejuízo bruto: é conceituado, geralmente, como a diferença entre o montante da receita bruta deduzida dos custos das vendas ou serviços diretamente imputáveis a essa receita.

No âmbito fiscal, existem despesas que não podem ser deduzidas da base de cálculo do Imposto de Renda e da contribuição social. Tais despesas são conhecidas como *despesas indedutíveis* e consideradas para efeitos societários e gerenciais, nas demonstrações contábeis, devendo, entretanto, ser desconsideradas para efeitos fiscais.

O ajuste de tais valores é realizado no Livro de Apuração do Lucro Real (Lalur). Como diminuímos as despesas no resultado, elas serão uma adição na base de cálculo dentro do Lalur. Como exemplos de tais despesas, podemos citar as multas de trânsito, as doações não previstas em lei, os excessos de retirada de pró-labore etc. Isso, no entanto, acontece somente nas empresas tributadas pelo lucro real (lucro tributável). Outras empresas possuem tributação diferenciada, como as tributadas pelo lucro presumido ou pela sistemática simplificada do Simples Federal (Lei n. 9.317/96). Nestas, não há ajustes nas despesas, pois as bases de cálculos dos tributos são extraídas das receitas, e não do lucro do período.

3.2.3 Resultado

O resultado é a diferença entre as despesas e as receitas de determinado período, podendo representar:

LUCRO	→	RECEITAS	>	DESPESAS e CUSTOS
PREJUÍZO	→	RECEITAS	<	DESPESAS e CUSTOS
SITUAÇÃO NULA	→	RECEITAS	=	DESPESAS e CUSTOS

LUCROS	—	AUMENTAM O PATRIMÔNIO LÍQUIDO
PREJUÍZOS	—	REDUZEM O PATRIMÔNIO LÍQUIDO

3.2.3.1 Procedimento de débito e crédito

Já mencionamos neste livro uma regra geral para o registro de aumentos e diminuições do Patrimônio Líquido: "Nas contas de *Patrimônio Líquido, aumentos* são registrados por créditos e *diminuições* são registradas por débitos".

De acordo com essa regra, as receitas, por *aumentarem* o Patrimônio Líquido, são creditadas a contas de receita, ao passo que as despesas, por *diminuírem* o Patrimônio Líquido, são debitadas a contas de despesa. Sendo assim, temos o seguinte quadro:

CONTAS	AUMENTAM	DIMINUEM
RECEITAS	Créditos	Débitos
DESPESAS	Débitos	Créditos

Registro de operações de venda — receitas, custos e impostos

Em uma operação de venda temos três tipos de lançamento:

- Lançamento da venda

  Débito — Caixa, bancos C/C ou clientes (duplicatas a receber)

  Crédito — Receita com vendas (ou simplesmente vendas)

  Valor: o valor da venda (nota fiscal)

  O lançamento do débito depende da forma como foi pactuado o recebimento, à vista ou a prazo, em carteira ou com duplicata a ser paga no banco.

- Lançamento da baixa do estoque

  Débito — Custo das Mercadorias Vendidas ou Custo dos Produtos Vendidos

  Crédito — Estoques

  Valor: custo de formação do estoque correspondente

  A nomenclatura Custo das Mercadorias Vendidas (ou simplesmente CMV) é utilizada para operações de revenda (comercialização). A nomenclatura Custo dos Produtos Vendidos (ou CPV) é utilizada na área industrial.

- Lançamento dos impostos incidentes sobre a venda

  Débito — Impostos sobre vendas

  Crédito — Impostos a pagar ou a recolher

  Valor: o valor do imposto correspondente

  O lançamento descrito neste item é genérico. Caso o imposto fosse, por exemplo, o ICMS, o lançamento seria:

  Débito — ICMS sobre vendas

  Crédito — ICMS a recolher

  Valor: o valor do ICMS oriundo da venda

Se tivermos outros tributos, como IPI, PIS, Cofins, Simples etc., basta alterar a nomenclatura da conta.

O crédito na conta de impostos a pagar ou impostos a recolher é a opção mais comum. Quando a empresa possui créditos tributários, no entanto, pode contabilizar os impostos incidentes sobre a venda em contrapartida da conta de impostos a recuperar.

Agora vejamos um exemplo partindo de nosso Balanço Patrimonial inicial:

EMPRESA ABC			
Balanço Patrimonial			
ATIVO		PASSIVO EXIGÍVEL	
Caixa	$ 5.000	Fornecedores	$ 27.000
Banco C/C	$ 12.000		
Estoques	$ 60.000		
Móveis	$ 20.000	PATRIMÔNIO LÍQUIDO	
Imóveis	$ 30.000	Capital Social	$ 100.000
TOTAL	$ 127.000	TOTAL	$ 127.000

Observe o exemplo de uma venda de 50% das mercadorias por $ 40.000. Haveria necessidade de destacar o ICMS de 18% tanto na compra como na venda. Na compra, teríamos adicionalmente o lançamento da dissociação do ICMS:

Estoques		Banco C/C		Fornecedores		ICMS a recuperar	
$ 60.000	**$ 10.800**	$ 12.000			$ 27.000	**$ 10.800**	

Note que o valor dos estoques (mercadorias) fica dissociado (líquido) do ICMS, por tratar-se de um imposto recuperável (compensável na operação de venda futura).

Como foi realizada a venda de apenas 50% dos estoques pelo valor de $ 6.000, não haverá imposto a recolher. Vamos aos três tipos de lançamento:

LANÇAMENTO DA VENDA

Caixa		Receita com vendas	
$ 40.000			**$ 40.000**

LANÇAMENTO DA BAIXA DO ESTOQUE

(considerando o saldo inicial da conta Estoque a 50% x $ 49.200 = $ 24.600)

Estoques		CMV	
$ 49.200	**$ 24.600**	**$ 24.600**	

LANÇAMENTO DO ICMS SOBRE VENDAS
(considerando o saldo inicial da conta ICMS a recuperar a 18% x $ 40.000 = $ 7.200)

ICMS a recuperar (Débito)	ICMS a recuperar (Crédito)	ICMS sobre vendas (Débito)	ICMS sobre vendas (Crédito)
$ 10.800	**$ 7.200**	**$ 7.200**	
$ 3.600			

A empresa revendedora ainda possui um crédito fiscal (ICMS a recuperar ou a compensar). O valor de tal direito é representado no Ativo Circulante.

A esse regime de contabilização de tributos, apurando o saldo da conta a recuperar ou a recolher, dependendo dos montantes envolvidos, dá-se o nome de *conta gráfica*.

Registro de despesas e de provisões

Provisões são lançamentos que possuem a seguinte característica contábil:

- Débito: despesa com provisão
- Crédito: conta de Passivo (ou de Ativo)

Tais lançamentos correspondem a valores de despesas que são debitados no resultado como despesa (DRE), por serem de competência daquele período, e que são creditados no Passivo Exigível, para representar a obrigação de seu pagamento a curto prazo (obrigação).

Um bom exemplo disso são os salários do mês, pagos até o 5º dia útil do mês seguinte. Suponhamos um funcionário com salário de $ 2.000. Nesse caso, contabilizaríamos:

Despesa com salário (Débito)	Despesa com salário (Crédito)	Salário a pagar (Passivo) (Débito)	Salário a pagar (Passivo) (Crédito)
$ 2.000			$ 2.000

Procederíamos do mesmo modo com todas as despesas do mês, que seriam pagas no mês seguinte, como os encargos sobre tais salários, FGTS, INSS, além de água, luz, telefone e demais despesas.

3.2.3.2 A integração do resultado com o Patrimônio Líquido

Com as operações realizadas e partindo do Balanço Patrimonial inicial, vamos proceder à elaboração do balancete de nossa empresa.

EMPRESA ABC		
Balancete de verificação		
	Débito	Crédito
Caixa	$ 45.000	
Banco C/C	$ 12.000	
Estoques	$ 24.600	
ICMS a recuperar	$ 3.600	
Móveis	$ 20.000	
Imóveis	$ 30.000	
Fornecedores		$ 27.000
Salários a pagar		$ 2.000
Capital Social		$ 100.000
Receitas de vendas		$ 40.000
ICMS sobre vendas	$ 7.200	
Custo das Mercadorias Vendidas	$ 24.600	
Despesa com salário	$ 2.000	
TOTAIS	$ 169.000	$ 169.000

As contas relativas às despesas e receitas da empresa devem ser encerradas para a apuração do resultado, uma vez que correspondem apenas ao seu período de apuração. Assim, as receitas, os custos e as despesas de um mês, por exemplo, não são computadas no mês seguinte, e assim sucessivamente. Para o encerramento das contas, devemos *debitar* as que possuem saldo credor (receitas) e *creditar* as que possuem saldo devedor (custos e despesas).

A contrapartida para o lançamento é uma conta transitória denominada *resultado*. Nos razonetes abaixo, as contas possuem saldo conforme os lançamentos anteriormente demonstrados, e os lançamentos de encerramentos estão destacados em negrito. O resultado final é encerrado na conta Resultado e transportado, então, por meio da contrapartida, para o Balanço Patrimonial (conta Resultado do Exercício, no Patrimônio Líquido).

Receita com vendas	
$ 40.000	$ 40.000

CMV	
$ 24.600	**$ 24.600**

ICMS sobre vendas	
$ 7.200	$ 7.200

Despesa com salário	
$ 2.000	**$ 2.000**

Resultado		
$ 24.600	**$ 40.000**	
$ 7.200		
$ 2.000		
	$ 6.200	← (saldo)

Vamos acompanhar esses lançamentos passo a passo:

- debita-se a conta de receita com vendas, creditando a conta de resultado;
- credita-se a conta de CMV (Custo das Mercadorias Vendidas) e debita--se a conta de resultado;
- credita-se a conta de ICMS sobre vendas e debita-se a conta de resultado;
- por fim, credita-se a conta de despesa com salário e debita-se a conta de resultado, apurando assim o resultado final.

Note que as contas de resultado têm caráter temporário, apresentando resultado zerado ao final do período. Vamos entender o motivo disso. O saldo final da conta Caixa em um período é o saldo com que se inicia o caixa no período seguinte. O mesmo ocorre com as demais contas patrimoniais, não somente de ativo. O saldo final das contas a receber em um mês, por exemplo, é o saldo inicial das mesmas contas no início do mês seguinte. O saldo a pagar para fornecedores ao final de um mês será o valor inicial da conta de fornecedores no início do mês seguinte.

No entanto, para as contas de resultado isso não ocorre, pois as receitas e despesas do mês de janeiro, por exemplo, terminam no último dia desse mês. Assim, iniciaremos fevereiro com zero, e não com o saldo de janeiro, pois as receitas e despesas de fevereiro são relativas a este mês. Certamente, podem--se acumular as receitas e despesas para uso gerencial, conhecendo seus valores acumulados mensalmente. Isso gera um balancete com o saldo de todas as contas. No entanto, tais contas, ainda que acumuladas, serão zeradas ao final do exercício. Logo, se as contas de resultado forem acumuladas, seu caráter temporário (transitório) será anual. Então, os saldos de receitas e despesas de um ano não serão repassados para o ano seguinte, dentro do conceito de exercício social.

Para o encerramento do resultado, lembre-se:

- Encerramento das contas de receitas para a conta de resultado.

- Encerramento das contas de custos e despesas para a conta de resultado. A diferença entre as receitas e despesas, ou seja, o saldo da conta de resultado, será o resultado do período. Haverá lucro se as receitas forem maiores que as despesas, e prejuízo caso o oposto aconteça.
- Encerramento do saldo da conta de resultado para a conta de Resultado do Exercício do Balanço Patrimonial.

3.2.3.3 Lançamento do resultado

Resultado			Resultado do Exercício	
$ 6.200	$ 6.200			**$ 6.200**

Veja que o resultado final também será encerrado, tendo como contrapartida uma conta de Resultado do Exercício (localizada no Balanço Patrimonial), dentro do grupo do Patrimônio Líquido, lembrando que este deverá ser destinado, por não mais haver Lucros Acumulados, a partir do advento da Lei n. 11.638/2007.

O Balanço Patrimonial após o encerramento da conta de resultado seria o seguinte:

EMPRESA ABC			
Balanço Patrimonial			
ATIVO		PASSIVO EXIGÍVEL	
Caixa	$ 45.000	Fornecedores	$ 27.000
Banco C/C	$ 12.000	Salários a pagar	$ 2.000
ICMS a recuperar	$ 3.600		
Estoques	$ 24.600		
Móveis	$ 20.000	PATRIMÔNIO LÍQUIDO	
Imóveis	$ 30.000	Capital Social	$ 100.000
		Resultado do exercício	$ 6.200
TOTAL	$ 135.200	TOTAL	$ 135.200

A DRE, de forma simplificada, seria:

EMPRESA ABC	
Demonstração do Resultado do Exercício	
Receita com vendas	$ 40.000
(–) Impostos sem vendas	($ 7.200)
(=) Receita operacional líquida	$ 32.800
(–) CMV	($ 24.600)
(=) Lucro operacional bruto	$ 8.200
(–) Despesa com salários	($ 2.000)
(=) Lucro operacional líquido	$ 6.200

Atenção ao cálculo, diminuindo os impostos, custos e despesas para chegar ao resultado líquido.

3.2.4 Modelo mais completo de DRE

Receita operacional bruta

(–) Deduções

(=) Receita operacional líquida

(–) CMV/CPV/CSP

(=) Lucro operacional bruto

(–) Despesas operacionais

Despesas comerciais

Despesas administrativas e gerais

Despesas financeiras líquidas

Outras despesas operacionais

(=) Lucro operacional líquido

(–) Outras receitas e despesas (nova nomenclatura dada pela Lei n. 11.941/2009)

(=) Lucro antes do Imposto de Renda e Contribuição Social

(–) Provisão para Imposto de Renda e Contribuição Social

(=) Lucro líquido do exercício

Assim como no Balanço Patrimonial, a DRE pode apresentar as contas de maneira mais analítica ou mais sintética. Veja algumas considerações adicionais:

- **Receita operacional bruta**: total das receitas da empresa.

- **Deduções**: englobam as devoluções, os cancelamentos, os descontos comerciais e os impostos incidentes sobre as vendas.
- **Receita operacional líquida**: todos os cálculos de análise econômico-financeira utilizam como base a receita líquida, pois é a receita que a empresa teve efetivamente, já descontadas as parcelas de impostos embutidos no preço e as devoluções, cancelamentos e descontos concedidos.
- **CMV/CPV/CSP**: englobam o Custo das Mercadorias Vendidas (nas empresas comerciais), o Custo dos Produtos Vendidos (nas empresas industriais) e o Custo dos Serviços Prestados (para prestadoras de serviços).
- **Lucro operacional bruto**: ainda temos os resultados operacionais, que podem ser lucro ou prejuízo. Pelo menos até aqui devem ser lucro; do contrário, as despesas ficariam sem a devida cobertura no resultado.
- **Despesas operacionais**: englobam as despesas da área de vendas (despesas comerciais), as despesas administrativas e gerais e as despesas financeiras líquidas (despesas financeiras líquidas de receitas financeiras) e as outras despesas operacionais.
- **Lucro operacional líquido**: destaque-se este resultado, pois é o resultado das operações a que se propôs a empresa.
- **Outras receitas e despesas**: resultados oriundos de operações não relacionadas à atividade operacional, como a alienação de bens do Ativo Imobilizado.
- **Lucro antes do Imposto de Renda e Contribuição Social**: também identificado pelas iniciais LAIR/CS.
- **Provisão para Imposto de Renda e Contribuição Social**: valor da provisão dos tributos incidentes sobre o lucro (a base de cálculo é o lucro real ou lucro tributável, ajustado no LALUR).
- **Lucro líquido do exercício**: resultado final a ser destinado. Corresponde ao resultado final apurado pela Contabilidade, na última linha da DRE. Em alguns casos, a DRE apresenta a destinação desse resultado. Assim, algumas parcelas podem ser destinadas à criação ou ao aumento de reservas ou ter outros destinos. As parcelas não destinadas em reunião ou assembleia normalmente ficam retidas no Balanço Patrimonial, na forma de Lucros Acumulados (que podem ser prejuízos acumulados, caso sejam resultados negativos).

CASO PRÁTICO

1. Identifique, para as operações abaixo, as contas que devem ser debitadas e creditadas. Não se preocupe com os valores patrimoniais, pois o objetivo é entender a movimentação contábil (débitos e créditos) nas contas de resultado, elaborando uma DRE sintética.

a) Recebimento de juros sobre aplicações financeiras no valor de $ 2.200.

b) Recebimento de venda de mercadorias no valor de $ 20.000, cujo custo era de $ 8.000. A provisão de imposto sobre vendas será no valor de $ 500.

c) Pagamento de tarifas bancárias no valor de $ 150 (lançadas no extrato de conta corrente).

d) Pagamento de aluguel no valor de $ 2.200, dentro do próprio mês.

e) Pagamento de salários no valor de $ 3.000, dentro do próprio mês.

2. Com base nos lançamentos acima, elaborar uma DRE sintética.

CASO PRÁTICO — SOLUÇÃO

1.

a) Débito: Bancos ou Aplicações financeiras

Crédito: Receitas financeiras

b) Débito: Caixa ou Bancos

Crédito: Receita bruta de vendas

Débito: Custo das Mercadorias Vendidas

Crédito: Estoques

Débito: Impostos sobre vendas

Crédito: Impostos a pagar

c) Débito: Despesas bancárias

Crédito: Bancos

d) Débito: Despesa de aluguel

Crédito: Bancos

e) Débito: Despesa com salários

Crédito: Bancos

2.

Receita bruta de vendas	$ 20.000
Impostos sobre vendas	($ 500)
Receita líquida de vendas	$ 19.500
Custo das Mercadorias Vendidas	($ 8.000)
Lucro bruto	$ 11.500
Despesas operacionais (deduzidas da receita financeira de $ 2.200)	($ 3.150)
Lucro líquido	$ 8.350

Algumas considerações são importantes na solução deste exercício. Veja, por exemplo, que, no lançamento do item "a", o débito poderia ter ocorrido na conta Bancos ou Aplicações financeiras. Isso depende da movimentação. Caso a aplicação tivesse sido resgatada, o débito ocorreria na conta Bancos. Caso fosse mantida, para render juros sobre os juros, o débito poderia ter sido na própria conta de Aplicações financeiras.

Do mesmo modo, o recebimento do item "b" poderia ter sido realizado pela Tesouraria (o que é conhecido como *pagamento em carteira*), caso em que o débito seria feito no Caixa. Caso o recebimento fosse realizado por meio de uma duplicata, o débito seria na conta Bancos.

As despesas com aluguel e salários estão sendo pagas dentro do próprio mês de sua competência. Convém lembrar que, no entanto, na maioria das vezes, as empresas pagam o aluguel e os salários do mês apenas no mês seguinte. Sendo assim, o lançamento seria diferente, pois haveria uma provisão no mês de competência para o pagamento no mês seguinte.

O lançamento de uma provisão ocorre como o terceiro lançamento do item "b" (impostos sobre vendas), em que debitamos uma conta de resultado (despesa) e creditamos uma conta de Passivo Exigível (obrigação). Assim, criamos a obrigação no Passivo, que será paga no mês seguinte. No próximo mês, quando do pagamento efetivo, o lançamento seria realizado debitando essa conta de Passivo Exigível, com o crédito da contrapartida na conta Bancos (pela saída do valor do Ativo).

3.3 Registros contábeis

Até aqui vimos como funciona a mecânica contábil em seus conceitos básicos. As operações de uma companhia ou empresa, no entanto, são realizadas por meio de sistemas contábeis informatizados, sem a utilização dos razonetes. Os registros são efetuados em livros próprios, denominados *livro diário* e *livro razão*. Ambos são obrigatórios, mas somente o livro diário possui registro obrigatório, que pode ser realizado na Junta Comercial do Estado ou no Cartório de

Títulos e Documentos, dependendo da atividade da organização. Os livros não devem possuir borrões, rasuras ou ressalvas, lacunas ou qualquer espécie de alteração que possa prejudicar sua identidade original (como a substituição de folhas após o registro).

3.3.1 LANÇAMENTOS CONTÁBEIS

Todas as operações da empresa são registradas por meio de lançamentos contábeis, os quais contêm:

- data;
- conta debitada;
- conta creditada;
- valor;
- histórico descrevendo a operação.

Os registros podem ser feitos diariamente (daí o nome *diário*) ou com partidas de periodicidade superior, no máximo mensal. Eles podem ser agrupados, desde que identificados analiticamente em registros auxiliares, como no caso dos livros fiscais (livros de entradas e saídas de mercadorias, por exemplo).

MODELO DE LIVRO CONTÁBIL DE ESCRITURAÇÃO					
Data	Conta	Código da conta	Histórico	Valor a débito	Valor a crédito
20/11/200X	Caixa	101-5	Depósito nesta data	$ 1.000	
20/11/200X	Bancos C/C	102-3	Depósito nesta data		$ 1.000
21/11/200X	Estoques	110-4	Aquisição cf. NF 033 ABC	$ 22.000	
21/11/200X	Bancos C/C	102-3	Aquisição cf. NF 033 ABC		$ 22.000

3.4 TIPOS DE MOVIMENTOS

Embora estas nomenclaturas sejam pouco utilizadas, podem ser bastante úteis como exercício de fixação. Leia os conceitos e depois resolva o exercício proposto:

- Fatos permutativos: são aqueles que apenas permutam os elementos do Ativo e/ou Passivo, sem, entretanto, interferir no Patrimônio Líquido. Por exemplo: depósito bancário com recursos do caixa; pagamento de fornecedores.

- Fatos modificativos: são de natureza completamente distinta da do item anterior, pois sua ocorrência provocará efeitos sobre o Patrimônio Líquido. Podem ser aumentativos ou diminutivos. Por exemplo: venda de serviço com recebimento à vista (aumentativo); pagamento de despesa com transporte (diminutivo).
- Fatos mistos: são aqueles que combinam um fato permutativo e um fato modificativo, ambos relacionados à mesma operação. Por exemplo: pagamento de fornecedor com desconto (aumentativo); venda de imobilizado por valor inferior ao registrado na Contabilidade (diminutivo).

Denominam-se *fatos aumentativos* aqueles relacionados às receitas, por aumentarem o resultado, e *fatos diminutivos* os relacionados a custos e despesas, por reduzirem o resultado.

Caso prático

Descreva cinco fatos permutativos, cinco fatos modificativos e cinco fatos mistos, identificando, para cada um, as contas que deverão ser debitadas e creditadas. A preocupação, aqui, é fixar o entendimento sobre as operações que ocasionam mutações patrimoniais e as que interferem, positiva ou negativamente, no resultado. Talvez suas respostas não coincidam com as dadas na solução, que são meramente ilustrativas. Nesse caso, a semelhança das operações lhe garantirá o acerto.

Caso prático — solução

FATOS	LANÇAMENTOS
Fatos permutativos	
1. Compra de máquina a prazo	D – Imobilizado (máquinas) C – Fornecedores
2. Obtenção de empréstimos	D – Banco C – Empréstimos a pagar
3. Pagamento de fornecedores	D – Fornecedores C – Banco
4. Recebimento de duplicatas	D – Banco C – Clientes
5. Pagamento de contas a pagar	D – Contas a pagar C – Bancos

FATOS	LANÇAMENTOS
Fatos modificativos	
1. Venda de mercadoria a prazo	D – Clientes C – Receita c/ vendas (aumentativo)
2. Serviço adquirido	D – Despesas c/ serviços de terceiros C – Contas a pagar (diminutivo)
3. Pagamento de despesa c/ manutenção	D – Despesas de manutenção C – Bancos (diminutivo)
4. Provisão dos salários a pagar	D – Despesa c/ salários C – Salários a pagar (diminutivo)
5. Apropriação de receita incorrida s/ aplicações financeiras	D – Aplicações financeiras C – Receita financeira (aumentativo)

FATOS	LANÇAMENTOS
Fatos mistos	
1. Venda de máquina c/ lucro	D – Caixa C – Máquinas C – Ganho na venda de bens (aumentativo)
2. Pagamento de fornecedor c/ juros	D – Despesa financeira D – Fornecedor C – Caixa (diminutivo)
3. Desconto de duplicata	D – Banco D – Despesa financeira C – Duplicatas descontadas (diminutivo)
4. Recebimento de duplicatas c/ juros de mora	D – Banco C – Clientes C – Receita financeira (aumentativo)
5. Venda de veículos c/ prejuízo	D – Bancos D – Prejuízo na venda de bens C – Veículos (diminutivo)

3.5 Avaliação dos estoques — sistemas de controle

Em empresas comerciais, a conta de Estoques ou Mercadorias provavelmente se constitui no item mais importante do Ativo. Por isso, precisamos aprender a valorizá-la da melhor maneira, independentemente da legislação fiscal, para que o Balanço Patrimonial apresente o valor mais real possível e o resultado na DRE possa refletir a realidade das operações de venda.

Há duas formas de controlar contabilmente o valor dos estoques e, consequentemente, o Custo das Mercadorias Vendidas:

3.5.1 Inventário periódico

Por esse método, as entradas de mercadorias são registradas e, no fim de cada exercício ou período contábil, o custo da mercadoria vendida é apurado.

O montante dos estoques é determinado, periodicamente, por meio da contagem física das mercadorias disponíveis.

Como o saldo final do período anterior é o saldo inicial do período atual e o volume de compras corresponde às compras realizadas no período atual, temos, com a adição dos dois, o volume disponível para vendas.

Saldo Inicial + Compras = Saldo disponível para vendas

Se diminuirmos do saldo disponível para vendas a quantidade identificada por contagem física periódica do saldo final, teremos a quantidade de mercadorias que foram vendidas, que, quando valorizadas, representam o Custo das Mercadorias Vendidas. O custo das vendas é, então, apurado pela equação:

$$CMV = EI + C - EF$$

onde:

EI = estoque inicial

C = compras do período

EF = estoque final (apurado por inventário físico)

CMV = Custo das Mercadorias Vendidas

3.5.2 Inventário permanente

Ao contrário do inventário periódico, a característica básica do método dos inventários permanentes é que eles proporcionam um registro permanente dos estoques disponíveis, computados a cada operação de compra ou de venda realizada.

Para ilustrar as características dos dois procedimentos contábeis em relação aos estoques, suponhamos que estamos fazendo a Contabilidade de uma empresa revendedora de aparelhos de ar condicionado, que são adquiridos de um atacadista por $ 300 e vendidos, no varejo, por $ 400. Suponhamos também que:

Descrição	Quantidade	Valor
Estoque inicial	4 unidades	$ 1.200
Compras durante o período	10 unidades	$ 3.000
Vendas durante o período:	9 unidades	
Preço de venda		$ 3.600
Custo das Mercadorias Vendidas		$ 2.700
Estoque final	5 unidades	$ 1.500

Caso fosse adotado o critério de controle de estoques de acordo com o sistema periódico, teríamos:

Descrição	Valor
Estoque inicial	$ 1.200
Compras	$ 3.000
Estoque final (apurado pelo inventário físico por ocasião do encerramento do exercício)	($ 1.500)
Custo das Mercadorias Vendidas	$ 2.700
O lucro da empresa seria de:	
Venda	$ 3.600
Custo das Mercadorias Vendidas	$ 2.700
Lucro do exercício	$ 900

Nesse caso, o resultado somente é conhecido quando do encerramento do exercício, por ocasião das contagens físicas de estoque. Caso seja adotado o sistema permanente de avaliação dos estoques, será necessária a adoção de controle analítico.

Nos casos em que o método de inventário permanente estiver em uso, deve-se manter um registro auxiliar em termos de quantidades e valores para cada um dos vários tipos de mercadorias ou produtos disponíveis para venda. Tal registro é ilustrado a seguir:

Entrada				Saída			Saldo		
Data	Quant.	Valor unit.	Valor total	Quant.	Valor unit.	Valor total	Quant.	Valor unit.	Valor total
01/04	4	$ 300	$ 1.200				4	$ 300	$ 1.200
	10	$ 300	$ 3.000				14	$ 300	$ 4.200
				9	$ 300	$ 2.700	5	$ 300	$ 1.500
	14		$ 4.200	9		$ 2.700	5		$ 1.500

Como se pode constatar, é possível realizar a apuração do Custo das Mercadorias Vendidas e, consequentemente, do resultado do exercício a qualquer momento, além de possibilitar o conhecimento das quantidades físicas existentes em qualquer data do mês. Por isso, esse método de avaliação é utilizado na maioria das empresas.

Para testar a precisão desses registros auxiliares, é usual e recomendável proceder a contagens periódicas dos estoques. As empresas devem fazer essa contagem para obter um inventário anual completo para o encerramento do exercício.

Caso prático

Dados os seguintes elementos:

a) Estoque em 31/12/X0 — 100 peças
   Preço unitário — $ 1.000
   Total — $ 100.000

b) Compra de 50 peças a $ 1.200 cada, no total de $ 60.000 em 31/01/X1.

c) Venda de 30 peças por $ 1.500 cada, num total de $ 45.000 em 28/02/X1.

d) Estoque final em 28/02/X1, após a realização de inventário físico, com um total de 120 peças, a $ 1.066,67 cada.

Pede-se:

1. Calcular o estoque em quantidades e o valor total (método temporário) com a utilização da fórmula EI + C – EF.
2. Calcular o lucro ou prejuízo em 28/02/X1.

Caso prático — solução

EI + C – EF = CPV

Em peças:

100 + 50 – 120 = 30

Em $:

100.000 + 60.000 – 128.000 = 32.000

Total das vendas	$ 45.000
(–) CMV	$ 32.000
Lucro bruto	$ 13.000

3.6 MÉTODOS DE AVALIAÇÃO

É fato mais do que provado que os preços se alteram. Assim, mercadorias idênticas podem ser compradas por valores diferentes. Em consequência disso, os contadores frequentemente deparam com o problema de determinar quais custos devem ser aplicados às mercadorias que permanecem no estoque.

A seguir, apresentaremos vários dos métodos mais amplamente usados na seleção dos custos que serão aplicáveis às mercadorias inventariadas.

Suponhamos as seguintes quantidades e valores:

	Unidades	Custo unitário	Total
Estoque inicial	2	$ 10	$ 20
Primeira compra	1	$ 11	$ 11
Segunda compra	1	$ 10	$ 10
Terceira compra	1	$ 12	$ 12
Quarta compra	1	$ 13	$ 13
Estoque disponível para venda			$ 66
Quantidade total disponível para venda	6		
Vendidas durante o período	4		
Estoque final	2		

3.6.1 IDENTIFICAÇÃO ESPECÍFICA

Se as mercadorias disponíveis podem ser identificadas como pertencentes a uma aquisição específica, elas podem ser inventariadas pelo custo da respectiva fatura. Suponhamos, por exemplo, que duas unidades do estoque final possam ser identificadas como tendo sido adquiridas pela segunda e quarta compras; então, o custo, para fins de inventário, seria:

Unidades	Custo unitário	Total
1	$ 10	$ 10
1	$ 13	$ 13
Estoque final		$ 23

Esse é o caso das revendedoras de automóveis, por exemplo. Certamente não funcionaria com mercadorias ou produtos homogêneos (*commodities*).

3.6.2 Custo médio ponderado ou média ponderada móvel (MPM)

O custo das mercadorias disponíveis para venda é dividido pelo total das unidades disponíveis para venda. O custo unitário médio ponderado resultante é utilizado na avaliação do estoque final. O cálculo é ilustrado abaixo:

Custo das mercadorias disponíveis para venda	$ 66
Total das unidades disponíveis para venda	$ 6
Custo ponderado médio unitário	$ 11
Estoque final, $ 11 x 2	$ 22

Os custos determinados pelo método do custo médio ponderado são afetados pelas primeiras compras do período, bem como pelas do fim do período. Assim, em um mercado em alta, o custo médio unitário será menor que o custo unitário corrente, ao passo que, em um mercado em baixa, o custo médio unitário será maior que o custo corrente.

3.6.3 PEPS (primeiro que entra, primeiro que sai) ou FIFO (*first in, first out*)

Esse método é baseado na suposição de que as primeiras mercadorias compradas são as primeiras a ser vendidas e que as mercadorias que permanecem nos estoques são da última compra, como ocorre com os perecíveis em um supermercado. Aplicando esse método aos fatos usados no exemplo, as duas unidades do estoque final seriam tratadas como se tivessem sido adquiridas pelas duas últimas compras e avaliadas como segue:

Unidades	Custo unitário	Total
1	$ 12	$ 12
1	$ 13	$ 13
Estoque final		$ 25

A suposição é que o estoque mais velho em geral é o primeiro a ser vendido, de acordo com uma boa diretriz mercadológica. Existem, obviamente, casos na prática em que essa suposição não se enquadra perfeitamente; por exemplo, o primeiro carvão colocado na pilha de um distribuidor será o último a ser vendido.

Esse método também tem sido considerado aproveitável, porque resulta em uma avaliação nos estoques em conformidade com as tendências dos preços; como se considera que os estoques consistem nas compras mais recentes e, consequentemente, são valorizados pelos custos mais recentes, tal valorização segue as tendências do mercado.

3.6.4 UEPS (ÚLTIMO QUE ENTRA, PRIMEIRO QUE SAI) OU LIFO (*LAST IN, FIRST OUT*)

Por esse método, supõe-se que os custos mais antigos são aplicados às mercadorias disponíveis. Em nosso exemplo, as duas unidades do estoque final seriam avaliadas pelo custo unitário utilizado na avaliação das duas primeiras unidades do estoque inicial. Assim, o estoque final seria calculado como segue:

Unidades	Custo unitário	Total
2	$ 10	$ 20

Se o estoque final fosse composto por três unidades, a terceira seria avaliada por esse método, utilizando-se o custo unitário aplicável à primeira compra. Assim, pelo método UEPS, o estoque final de três unidades seria avaliado em $ 31.

Se daqui a um ano o inventário final consistisse novamente de duas unidades, a unidade de $ 11 seria eliminada, por ter sido a última acrescentada ao estoque, e as duas unidades seriam avaliadas a $ 10 cada, dentro do método de avaliação UEPS.

3.6.5 UEPS, PEPS E O RESULTADO OBTIDO

A escolha entre UEPS e PEPS terá impacto sobre as importâncias apresentadas na demonstração de resultado de uma empresa, no item Custo de Mercadorias Vendidas. Isso, por sua vez, afetará os dados de lucro bruto e lucro líquido.

Ilustrando esse ponto com um exemplo simples e bastante arbitrário, vamos supor que uma empresa venda uma unidade de um bem a cada ano. No início do primeiro ano da atividade, comprou uma unidade por $ 1,00 e avaliou-a para venda em $ 1,50, considerando o lucro bruto de $ 0,50 como necessário para cobrir as despesas e permitir um lucro líquido razoável. Antes que qualquer venda fosse feita no primeiro ano, a empresa comprou uma segunda unidade por $ 1,10 e aumentou seu preço de venda para $ 1,60, preço que irá propiciar a reposição da mercadoria e dos $ 0,50 adicionais. Vamos pressupor que posteriormente uma unidade seja vendida por $ 1,60.

- Pelo método PEPS, o Custo das Mercadorias Vendidas e o lucro bruto sobre vendas seriam calculados assim:

Venda	$ 1,60
Custo da unidade vendida	$ 1,00
Lucro bruto sobre venda	$ 0,60

E o estoque final seria avaliado em $ 1,10.

- Pelo método UEPS, o Custo das Mercadorias Vendidas e o lucro bruto sobre vendas seriam calculados assim:

Venda	$ 1,60
Custo da unidade vendida	$ 1,10
Lucro bruto sobre venda	$ 0,50

E o estoque final seria avaliado em $ 1,00.

Suponhamos que duas empresas diferentes estejam envolvidas nos dois casos citados, uma usando o método PEPS, e a outra, o UEPS. Na realidade, as empresas estariam na mesma posição: cada uma teria vendido uma unidade e teria no estoque uma só unidade, mas suas demonstrações financeiras não se igualariam.

Aqueles que são favoráveis ao método UEPS acreditam que a expressão "Último a Entrar — Primeiro a Sair" não se refere necessariamente a um pressuposto em relação ao fluxo de mercadorias, porém, mais que isso, a uma suposição relativa ao fluxo de custos. Isso porque o resultado apresenta o valor mais recente das vendas (receitas atuais), que, diminuído dos custos apurados pelo UEPS (últimos custos), apresenta um resultado mais atualizado (alguns dizem "mais real").

Aqueles que defendem a aplicação do método PEPS afirmam que o saldo dos estoques no Balanço Patrimonial fica mais atualizado, uma vez que as mercadorias remanescentes são avaliadas pelos valores mais recentes.

O UEPS não é aceito pela legislação fiscal como método de valorização dos estoques, já que tende à apuração de um lucro inferior ao apurado adotando-se os critérios de custo médio, identificação específica e PEPS.

O ideal, portanto, é a combinação dos métodos, dependendo da finalidade de utilização. O PEPS é melhor para avaliar saldos no Balanço Patrimonial, o UEPS para o resultado, e o custo médio para fins fiscais. Sistemas informatizados podem permitir que a empresa utilize todos os métodos simultaneamente, o que seria ideal do ponto de vista gerencial.

Para melhor visualização, observe a tabela comparativa abaixo, que exemplifica os efeitos da adoção de cada método, considerando uma tendência de alta de preços. O gráfico também pode ajudar no entendimento.[3]

TABELA COMPARATIVA				
Método	**Estoque final**	**CMV**	**Lucro**	**Tributação**
PEPS	Maior	Menor	Maior	Maior
MPM	Médio	Médio	Médio	Médio
UEPS	Menor	Maior	Menor	Menor

PEPS — gráfico ilustrativo

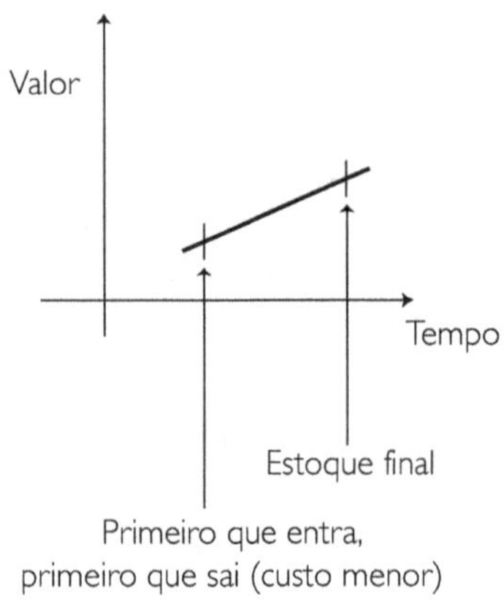

CASO PRÁTICO

Dados os seguintes elementos:

a) Estoque em 31/12/X0 — 100 peças

Preço unitário — $ 1.000

Total — $ 100.000

[3] O gráfico para o UEPS seria exatamente o contrário do demonstrado para o PEPS.

b) Compra de 50 peças a $ 1.200 cada, no total de $ 60.000, em 31/01/X1.

c) Venda de 30 peças por $ 1.500 cada, num total de $ 45.000, em 28/02/X1.

Pede-se:

1. Calcular o estoque em quantidade e valor total, pelo critério do custo médio (método permanente).
2. Calcular o lucro ou prejuízo em 28/02/X1.

Caso prático — solução

1.

Entrada				Saída			Saldos		
Data	Quant.	Valor		Quant.	Valor		Quant.	Valor	
		Unit.	Total		Unit.	Total		Unit.	Total
31/12/0X							100	$ 1.000,00	$ 100.000,00
31/01/0X+1	50	$ 1.200	$ 60.000				150	$ 1.066,66	$ 160.000,00
28/02/0X				30	$ 1.066,66	$ 31.999,80	120	$ 1.066,66	$ 128.000,20

2.

Total de vendas	$ 45.000,00
(–) CMV	$ 31.999,80
Lucro bruto	$ 13.000,20

Verifique a solução novamente, utilizando, para o custo médio, quatro casas decimais e, depois, oito casas decimais, e analise a variação do resultado. Embora pareça relativamente pequena, pode distorcer o resultado. Imagine que os valores estivessem expressos em milhares ou milhões de unidades vendidas. A variação do resultado pode ser considerável. Veja o exemplo das bombas de combustíveis, com valores de preço ao consumidor alterados de duas para três casas decimais. Em função do volume de milhões de litros vendidos periodicamente, o valor final da receita é alterado substancialmente. Assim, não se deve utilizar, salvo casos especiais, menos de seis ou oito casas decimais. O ideal é sempre utilizar infinitas casas decimais.

4

Contas a receber

4.1 Introdução

As contas a receber representam direitos da empresa, os quais deverão ser realizados. Na maioria das empresas, esse grupo de contas tem como item de maior relevância as contas a receber provenientes da vendas de mercadorias, normalmente denominadas *duplicatas a receber* ou *clientes*. Por sua importância, essas contas são demonstradas à parte.

As contas a receber realizáveis no próximo exercício social, dentro do ciclo operacional da empresa (se inferior a um ano), deverão ser classificadas no *ativo circulante*. Quando forem superiores a um ano ou ao ciclo operacional, deverão ser classificadas no *realizável a longo prazo*.

4.2 Composição do grupo

O grupo de contas a receber é, normalmente, composto pelas seguintes contas:

a) **Decorrentes da atividade operacional:**

- clientes (duplicatas a receber);
    - no mercado interno;
    - no mercado externo;
- adiantamento de contratos de câmbio (conta credora);
- provisão para devedores duvidosos (conta credora);
- duplicatas descontadas (conta credora).

b) Decorrentes de outras operações:

- títulos a receber (de qualquer natureza);
- cheques em cobrança;
- dividendos propostos a receber;
- adiantamentos;
- empréstimos e depósitos compulsórios;
- impostos a recuperar;
- provisão para créditos de liquidação duvidosa;
- provisão para perdas.

4.3 Critérios de avaliação (Lei n. 6.404/76, art. 183, "b" – redação dada pela Lei n. 11.638/2007)

A Lei das Sociedades por Ações, Lei n. 6.404/76, teve sua última alteração dada pela Lei n. 11.638/2007, que alterou o artigo 183, e define que os saldos a receber serão avaliados pelo custo de aquisição ou pelo valor de emissão, atualizado conforme disposições legais ou contratuais, ajustado ao valor provável de realização, quando este for inferior, no caso das demais aplicações e dos direitos e títulos de crédito.

Dessa forma, quando um saldo a receber tiver um indexador (TR, moeda estrangeira etc.) e sofrer acréscimo de juros, tais contas deverão ser atualizadas até a data do balanço patrimonial. Em se tratando de valores em moeda estrangeira, esses saldos deverão ser atualizados pela taxa do câmbio na data do balanço patrimonial. Os juros, por sua vez, deverão ser provisionados em função do tempo transcorrido e da taxa estipulada.

4.4 Comentários específicos sobre as contas

4.4.1 Provisão para devedores duvidosos

Essa provisão deve ser feita para demonstrar a expectativa de perdas estimadas na cobrança das contas a receber.

Embora seja prática usual, na maioria das empresas, reconhecer essas perdas com base em critérios fiscais, não podemos concordar com ela, pois a provisão deve ser registrada tendo como base as perdas prováveis, para fins societários e gerenciais.

A forma de apuração do valor da provisão para perdas varia muito em função de diversos aspectos, entre os quais destacam-se as características do ramo de atividade e a conjuntura econômica do momento. Portanto, essa análise deve ser feita com a máxima profundidade possível, visando identificar prováveis perdas para que o balanço patrimonial apresente seus ativos realizáveis com valores que serão efetivamente recebidos.

Apresentamos, a seguir, alguns fatores que devem ser considerados no momento de estudar a realização dos ativos:

- O procedimento mais comum é analisar cada saldo individualmente. Assim, a primeira preocupação é saber se os títulos não estão vencidos. Nesse caso, o primeiro procedimento é verificar se tais títulos foram recebidos após a data-base de encerramento do balanço patrimonial. Caso não tenham sido pagos, deve-se entrar em contato com os responsáveis pela área de crédito e cobrança e pela área de vendas para saber a atual situação desses créditos. Como não se trata de problemas com relação ao material ou às condições e aos preços constantes da nota fiscal, para a Contabilidade, isso representa dizer que dificilmente tais valores serão recebidos integralmente.
- Para os clientes que apresentarem títulos em atraso, a análise da realização não deve se restringir aos títulos vencidos, mas também aos que estão por vencer. Caso haja problemas que indiquem a necessidade de uma provisão, esta deve estender-se para o total dos créditos, exceto quando se tratar de problemas localizados em determinado título por não concordância do cliente, conforme mencionado no item anterior.
- Dependendo da atividade exercida pela empresa e do seu ramo de atividade, a provisão pode ser apurada com base em médias históricas de perda por inadimplência de clientes. Normalmente, esse estudo consiste em apurar uma relação percentual entre as perdas verificadas em exercícios anteriores e o volume das receitas de vendas. Deve-se tomar um cuidado especial com os aspectos de conjuntura econômica, pois, além dos aspectos específicos de determinado segmento da economia, as médias históricas de períodos anteriores obviamente espelham o reflexo da situação econômica do país. Imagine, por exemplo, se em determinado estudo a média de perdas verificadas em exercícios anteriores, quando a economia estava aquecida, for utilizada para projetar as perdas do exercício seguinte. Caso esse aspecto não seja levado em consideração, existe enorme probabilidade de a provisão não ser suficiente para cobrir as perdas.

- Quando houver garantias reais para a realização dos ativos, ainda que com a obtenção de outros bens, elas podem reduzir ou anular as perdas.
- É recomendável que os valores a receber de empresas concordatárias e falidas sejam integralmente considerados como perdas e incluídos no valor da provisão (conservadorismo).

No final do exercício, o saldo da provisão deve ser ajustado para o novo valor obtido por meio da análise da situação dos ativos. Portanto, normalmente, o lançamento a ser efetuado é igual ao lançamento de constituição da provisão, conforme demonstrado, e deverá ser registrada somente a diferença entre o saldo do ano anterior e a nova provisão.

4.4.2 Duplicatas descontadas

É comum as empresas, com o objetivo de suprir a falta de capital de giro, anteciparem o recebimento de suas duplicatas, em uma operação chamada *desconto de duplicatas*. Nessa operação, os bancos pagam às empresas o valor dos títulos, que são descontados a uma taxa de juros.

Alguns autores defendem que os juros dessa operação devem ser lançados como despesas antecipadas e, consequentemente, amortizadas em função do período de vencimento dos títulos. Consideramos que, nas vendas a prazo, obviamente embutem-se no preço os encargos financeiros correspondentes ao período concedido para pagamento. Portanto, a operação de desconto faz com que esses valores sejam trazidos para o seu valor presente, ou seja, para quanto valem efetivamente.

Com base nessa premissa, as receitas das vendas a prazo não deveriam ser reconhecidas integralmente como tal, o que ocorreria somente com a parcela relativa ao preço à vista, sendo o restante tratado como receita financeira, a qual, por sua vez, deveria ser reconhecida à medida que fosse incorrida. Assim, os juros relativos ao desconto, ainda que superiores ao nível de inflação, devem ser lançados como despesa financeira, pois a diferença entre a inflação e a taxa de juros não tende a ser significativa.

As duplicatas descontadas são apresentadas como redutoras do saldo de clientes, por não representarem a liquidação efetiva dos títulos. Caso os clientes não efetuem os pagamentos nas datas de vencimento, o banco devolverá as duplicatas e cobrará seu valor da empresa. Portanto, a baixa do saldo de clientes, bem como das duplicatas descontadas, só será feita após a liquidação dos títulos, e até que isso ocorra o saldo das duplicatas descontadas deve figurar no balanço patrimonial.

Ilustremos a situação com um exemplo. Imagine que uma empresa possuía saldo de $ 5.000 em uma conta bancária e, por precisar de maior disponibilidade financeira, descontou duplicatas no valor de $ 10.000. O banco pagou-lhe $ 9.500, descontando juros de $ 500. A contabilização seria assim efetuada:

Banco C/C	
$ 5.000 **$ 9.500**	
$ 14.500 ←	Saldo

Duplicatas a receber	
$ 10.000	

Despesas financeiras	
$ 500	

Duplicatas descontadas	
	$ 10.000

O lançamento efetuado foi identificado em negrito. Note que o valor que entra na conta bancária é líquido, uma vez que foram descontados os juros correspondentes. O valor dos juros — no caso de $ 500 — constitui um débito na conta de Despesas financeiras, no DRE. A conta Duplicatas descontadas possui saldo credor e estará representada no Ativo (como conta retificadora ou redutora do Ativo), logo abaixo de Duplicatas a receber. Caso creditássemos a conta Duplicatas a receber, seu saldo ficaria zerado e não mais espelharia o fato de que ainda há duplicatas a serem recebidas, com vencimento futuro. Talvez esse raciocínio seja mais bem compreendido se observarmos o que ocorre quando as duplicatas são recebidas ou, ainda, quando chega seu vencimento e o cliente não paga. Pela baixa da obrigação, quando do aviso de recebimento do banco, o lançamento contábil a ser efetuado é o seguinte:

- Débito — Duplicatas descontadas
- Crédito — Duplicatas a receber

O efeito do lançamento é encerrar a operação, uma vez que não há mais duplicatas a serem recebidas e o aviso de recebimento do banco é o documento hábil à quitação na Contabilidade. Em razonetes, a operação ficaria assim demonstrada:

Duplicatas a receber	
$ 10.000	**$ 10.000**

Duplicatas descontadas	
$ 10.000	$ 10.000

Quando o cliente não honra seu compromisso no vencimento, o banco cobra da empresa o valor da duplicata, descontando seu valor integral do saldo em conta corrente. Os juros permanecem como despesa financeira, independemente da operação. Nesse caso, o registro contábil é o seguinte:

- Débito – Duplicatas descontadas
- Crédito – Banco C/C

Banco C/C	
$ 14.500	**$ 10.000**
$ 4.500	

Duplicatas a receber	
$ 10.000	

Duplicatas descontadas	
$ 10.000	$ 10.000

4.4.3 Outras contas a receber

Essas contas representam todos os ativos sobre os quais a empresa tem o direito de receber. Certamente, deve-se fazer uma provisão para cobri-las, caso haja qualquer probabilidade de perda. Apresentamos a seguir um breve comentário sobre as contas que normalmente compõem esses ativos:

- Adiantamentos:

  Os adiantamentos mais comuns são os referentes a:

  - salários;
  - férias;
  - 13º salário;
  - viagens de funcionários (em serviço);
  - fornecedores (de bens, estoques ou serviços).

  Esses valores são realizados mediante a obtenção dos benefícios a que se destinaram ou o desconto de obrigações futuras. Além disso, podem ser baixados para a despesa quando se destinarem a esse objetivo ou quando representarem perdas para a empresa.

- Juros a receber:

  Nessa conta são registrados juros de qualquer natureza que representem receitas financeiras já incorridas e cuja realização seja líquida e certa.

- Dividendos a receber:

  Registra os dividendos a que a empresa tem direito, em decorrência de sua participação acionária em outra empresa. Esses valores são reconhecidos mediante divulgação pela empresa investida, e sua contrapartida pode ser o resultado do exercício ou a conta de investimentos, dependendo do critério de avaliação, conforme abordado no capítulo sobre investimentos.

- Impostos a recuperar:

  Representam pagamentos que serão descontados de futuras obrigações de natureza tributária. Na maioria das empresas, o valor mais significativo é o do ICMS, que vem embutido no preço de aquisição de mercadorias.

5

Imobilizado

5.1 Introdução

A melhor definição dos itens que devem ser classificados no grupo do Ativo Imobilizado pode ser obtida na Lei n. 6.404/76, em seu artigo 179, item IV: "direitos que tenham por objeto bens destinados à manutenção das atividades da companhia e da empresa, ou exercidos com essa finalidade, inclusive os de propriedade industrial ou comercial".

O aspecto básico dessa definição é a necessidade de identificar os bens destinados à manutenção da atividade operacional da sociedade, bem como os direitos exercidos com essa finalidade. Somente os bens corpóreos seriam incluídos no grupo do Ativo Imobilizado, pois os bens utilizados na atividade operacional podem ser dividos em:

- *bens tangíveis*: aqueles que possuem um corpo físico, tais como terrenos, obras civis, máquinas e móveis, e classificados como imobilizado e utensílios etc.;
- *bens intangíveis*: são os incorpóreos, classificados como Ativos Intangíveis, em outro subgrupo (conforme a Lei n. 11.638/2007), tais como patentes, direitos autorais, marcas etc.

É preciso destacar que os bens em construção, ou em fase de aquisição, destinados à manutenção da atividade operacional, devem ser classificados no Ativo Imobilizado. Entre outros exemplos podemos citar construções em andamento, adiantamento para aquisição de bens destinados ao Ativo Imobilizado, importações em andamento etc.

Os bens adquiridos em caráter permanente mas não destinados à manutenção da atividade operacional devem ser classificados no grupo do Ativo

Permanente, porém na conta de investimentos. Como exemplo disso temos os terrenos adquiridos sem destinação definida, que seriam demonstrados como investimentos. Caso fosse definida sua utilização para a expansão das atividades, eles seriam transferidos para o Ativo Imobilizado; se a empresa decidisse vendê-los, deveria haver uma reclassificação para o Ativo Realizável.

Em função desses conceitos, torna-se importante a identificação, por meio da Contabilidade, dos bens assim classificados no Ativo Imobilizado:

- em operação – os bens em atividade e gerando algum benefício; e
- em fase de imobilização, ou imobilizado em andamento – bens em fase de aquisição ou instalação, que ainda não estejam gerando algum benefício (em operação).

Essa segregação possibilita a análise da rentabilidade auferida em função do imobilizado em operação. Além disso, no caso de companhias abertas, quando apresentada de maneira segregada a informação permite que o investidor identifique prontamente o volume de imobilizações em andamento.

5.2 Composição do saldo

Em geral, o Ativo Imobilizado abrange os seguintes elementos:

- Bens em operação – avaliados pelo custo de aquisição[1]:
  - terrenos;
  - edifícios;
  - instalações;
  - máquinas e equipamentos;
  - equipamentos de informática;
  - móveis e utensílios;
  - veículos;
  - ferramentas;
  - florestamento e reflorestamento;
  - benfeitorias em propriedades arrendadas.

[1] A regra geral para a valorização das contas do Ativo é a do custo de formação ou aquisição. É permitida, no entanto, em função do Princípio da Prudência, a utilização do critério do custo ou mercado, dos dois o menor.

- Depreciação, amortização e exaustão acumulada — conta de natureza credora:
  - depreciação acumulada (de edifícios, instalações, máquinas e equipamentos, equipamentos de informática, móveis e utensílios, veículos e ferramentas);
  - exaustão acumulada (florestamento e reflorestamento e direitos sobre recursos naturais).
- Imobilizado em andamento:
  - construções em andamento;
  - importações em andamento;
  - adiantamento para inversões fixas.

Além dessas classificações, é comum encontrar nas empresas, principalmente nas de grande porte, outras segregações, subordinadas às mencionadas. Essas segregações têm como principal objetivo melhorar as informações contábeis, permitindo, dessa forma, a realização de análises mais detalhadas do desempenho da empresa, quando relacionadas aos bens do Ativo Imobilizado. Mencionamos, a seguir, algumas segregações que podem ser feitas com esse propósito:

- Por filial, divisão, departamento, setor etc.:

  Essa segregação, bastante comum atualmente, é importante não só por permitir que se identifique a localização de cada bem dentro da empresa, mas também por oferecer condições de análise do desempenho dos diversos segmentos da empresa, comparando os bens aplicados na operação e a respectiva receita gerada.

- Por projeto:

  É comum, no caso de empresas que possuem investimentos na área da Sudam, Sudene etc., haver a necessidade de controlar os bens da empresa por projeto, considerando que nem todo projeto é incentivado e, em virtude dese aspecto, precise ser feita uma divisão entre a parcela incentivada e a parcela não incentivada.

Vejamos como são compostos os saldos das contas:

- Terrenos: registram o valor de custo de aquisição de terrenos destinados às operações da empresa.
- Edifícios (construções): incluem todo tipo de construção (prédios, fábricas, depósitos, galpões etc.) que a empresa possui ou utiliza.

- Instalações: englobam equipamentos, materiais e custos de implantação que, apesar de diretamente agregados às construções, devem ser registrados e controlados separadamente, por terem vida útil diferente. Nessa conta estão incluídos os seguintes itens: instalações elétricas, hidráulicas, sanitárias, de vapor, de ar comprimido, de exaustão de gases etc.
- Máquinas e equipamentos: são representados por máquinas e equipamentos destinados às operações industriais.
- Equipamentos de informática: incluem máquinas e equipamentos de processamento eletrônico de dados, além das unidades centrais e periféricas.
- Móveis e utensílios: nessa conta estão registrados os móveis em geral e utensílios como máquinas de calcular e de escrever etc.
- Veículos: incluem todos os veículos da empresa. Ressalte-se, contudo, que veículos de uso interno, como as empilhadeiras, por exemplo, podem ser registrados como equipamentos.
- Ferramentas: são instrumentos com vida útil superior a um ano utilizados na produção.
- Florestamento e reflorestamento: englobam os custos incorridos na formação de florestas de propriedade da empresa.
- Benfeitorias em propriedades arrendadas: nelas estão registrados os gastos com reformas e benfeitorias de prédios ou terrenos arrendados, os quais se caracterizam como incorporáveis àqueles.
- Construções em andamento: englobam todos os custos aplicados na construção, incluindo os mencionados a seguir:
  - mão de obra;
  - serviços de terceiros;
  - materiais (adquiridos ou elaborados);
  - energia;
  - desgaste de bens próprios aplicados na construção.

Observação: não podem ser incluídos nessa conta os gastos com a elaboração do projeto, pois se trata de itens do Ativo Diferido.

- Importações em andamento: incluem os gastos incorridos no processo de importação de bens destinados às operações da empresa, até sua chegada e desembaraço alfandegário.

- Almoxarifado de inversões fixas: inclui todos os bens da empresa destinados a imobilizações futuras.

5.3 Critérios de avaliação

Os critérios de avaliação dos elementos do Ativo Imobilizado, definidos pela Lei n. 6.404/76, são reproduzidos a seguir:

> "Os direitos classificados no imobilizado, pelo custo de aquisição, deduzido do saldo da respectiva conta de depreciação, amortização ou exaustão (artigo 183, V)."

Isso significa que os elementos do Ativo Imobilizado deverão ser avaliados pelo custo de aquisição, deduzido dos saldos das respectivas contas de depreciação, amortização ou exaustão.

5.4 Custo de aquisição

O valor a ser determinado para um bem classificado no Ativo Imobilizado deve compreender todos os gastos necessários ao início da sua atividade operacional.

Esses gastos são denominados *custo de aquisição* ou *construção do Ativo Imobilizado*. Observe que:

- *Em caso de compra*, o custo compreende o preço faturado pelo fornecedor, acrescido de todas as despesas necessárias para efetivar a compra e instalar o bem. Como exemplos dessas despesas podemos mencionar os direitos de importação, os impostos, os transportes e respectivo seguro, a montagem etc.
- *Durante a fase da construção*, além das despesas com aquisição de materiais diretamente aplicados nas obras, serão computadas as despesas de mão de obra e gerais, diretas e indiretas, que a construçao exigir até que os bens fiquem em condições de uso.

A maioria dos bens do imobilizado de uma entidade é periodicamente submetida a reparos ou reformas para continuar em condições de uso. Os gastos incorridos poderão ser acrescidos ao custo quando representarem aumento da eficiência ou produtividade do bem ou de sua vida útil. Os custos de manutenção e reparos rotineiros devem ser contabilizados como despesas de manutenção do período competente.

É bastante comum, em trabalhos de auditoria ou de perícia, o lançamento da contabilização dos valores que deveriam ser incorporados aos itens de Ativo, como despesas no resultado, para efeito de dedutibilidade fiscal na apuração do resultado. Contudo, esse procedimento é inadequado, distorce o resultado e o Balanço Patrimonial apresentado, sendo contrário às normas contábeis.

Há duas situações relativas à entrada de bens na empresa que merecem um rápido comentário:

- Bens recebidos por doação: devem ser contabilizados com base em seu valor de mercado.
- Bens incorporados na formação do capital: devem ser registrados por seu valor de mercado. No caso de sociedades anônimas, um laudo deve ser emitido por peritos e aprovado em assembleia.

5.5 Depreciação, amortização e exaustão

5.5.1 Objetivo

Os bens do Ativo Imobilizado, por sua própria natureza, apresentam um prazo de vida útil determinado, com exceção dos terrenos e eventualmente algum outro bem. A esse respeito, o artigo 183, parágrafo 2º da Lei n. 6.404/76, com nova redação dada pela Lei n. 11.941/2009, define o seguinte:

> a) depreciação, quando corresponder à perda do valor dos direitos que têm por objeto bens físicos sujeitos a desgaste ou perda de utilidade por uso, ação da natureza ou obsolescência;

> b) amortização, quando corresponder à perda do valor do capital aplicado na aquisição de direitos da propriedade industrial ou comercial e quaisquer outros com existência ou exercício de duração limitada, ou cujo objeto sejam bens de utilização por prazo legal ou contratualmente limitado;

> c) exaustão, quando corresponder à perda do valor, decorrente da sua exploração, de direitos cujo objeto sejam recursos minerais ou florestais, ou bens aplicados nessa exploração.

O objetivo do cálculo da depreciação, amortização e exaustão é reconhecer de forma contábil o custo advindo desses bens, à medida que eles efetivamente ocorrem, em contraposição aos correspondentes benefícios gerados.

Esse critério objetiva o atendimento ao princípio contábil da competência de exercícios (confronto das despesas com as receitas), conforme o custo decorrente da depreciação, amortização e exaustão é absorvido pelas receitas oriundas dos produtos vendidos que foram fabricados utilizando-se dos bens aplicados nas operações.

A Lei n. 11.638/2007 determina ainda que deve-se efetuar, periodicamente, análise sobre a recuperação dos valores registrados no imobilizado e no intangível e no diferido (nova redação dada ao art. 183, parágrafo 3º).

5.5.2 Taxas

As taxas de depreciação, exaustão e amortização variam em função do tempo de vida útil estimado para cada bem componente do Ativo Imobilizado.

Entretanto, é preciso comentar que a legislação societária não define essas taxas, apenas faz menção ao fato de que devem refletir o tempo de vida útil dos bens. A legislação fiscal, por sua vez, estabelece as taxas máximas para cada tipo de bem, as quais são aceitas como despesas dedutíveis na apuração do lucro-base para o Imposto de Renda. Em virtude disso, a grande maioria das empresas utiliza-se dessas taxas, evitando, assim, controles adicionais e problemas com a fiscalização.

As taxas de depreciação anual, desde a Lei n. 4.506/64, são definidas pela Secretaria da Receita Federal, por meio de instruções normativas. Os exemplos mais comuns são:

Prédios e construções	4%	Máquinas, equipamentos e instalações	10%
Veículos em geral	20%	Embarcações	5%
Móveis e utensílios	10%	Computadores	20%

O Fisco admite, ainda, que a empresa adote outras taxas de depreciação, quando amparadas por laudo pericial do Instituto Nacional de Tecnologia, ou de entidade de pesquisa científica ou tecnológica.

O artigo 311 do Regulamento do Imposto de Renda (Decreto n. 3.000/99) prevê a possibilidade de depreciação para bens adquiridos usados. Para tanto, deve ser considerado o prazo de metade da vida útil do bem novo ou o restante da vida útil do bem adquirido, dos dois o menor.

O artigo 312 prevê a possibilidade de utilização da depreciação acelerada, nos termos do regulamento.

Na realidade, tais taxas correspondem à expectativa da vida útil estimada para cada tipo de bem. Como a depreciação está relacionada à perda de valor dos ativos tangíveis por uso, consumo, passagem do tempo ou obsolescência tecnológica, estima-se determinado lapso de tempo de sua existência e utilidade. Assim, prédios teriam vida útil de 25 anos; veículos e computadores, de 5 anos; e móveis e máquinas, de 10 anos, por exemplo, segundo as taxas legais.

No entanto, sabemos que a vida útil "real" dos bens em questão é diferente dessa previsão simplificada. Ocorre que a depreciação tem caráter de disposição contábil, com correspondente reflexo fiscal, não estando exatamente preocupada com o saldo residual do bem, em especial nesse modelo, denominado *linear* ou *método da linha reta*. Trata-se de uma simplificação fiscal para que se parametrizem os procedimentos de cálculo tão somente.

6

Investimentos

6.1 Introdução

Essa área do Balanço Patrimonial é, na opinião da maioria das pessoas, a mais complexa de todas. A Lei das Sociedades por Ações, Lei n. 6.404/76, introduziu uma série de inovações na avaliação desses ativos, cuja aplicação prática requer o conhecimento dos Princípios Fundamentais de Contabilidade (anteriormente conhecidos como Princípios Contábeis Geralmente Aceitos) e muita técnica.

A Lei n. 6.404/76 dividiu os investimentos em dois tipos: (1) avaliados pelo *método de custo*, destinados aos pequenos investimentos; (2) avaliados pelo *método da equivalência patrimonial*, destinados aos grandes investimentos em outras empresas.

Neste capítulo estudaremos somente o método de custo, que é relativamente simples se comparado ao método da equivalência patrimonial, hoje regulamentado pela Instrução Normativa n. 247/96, da Comissão de Valores Mobiliários – CVM.

6.2 Natureza

Entende-se por *Investimento*, dentro do *Ativo Permanente*, o que é definido pela Lei n. 6.404/76 em seu artigo 179, III: "Em investimentos, participações em outras sociedades e direitos de qualquer natureza, não classificáveis no Ativo circulante e que não se destinem à manutenção da atividade da companhia ou da empresa".

Os investimentos, portanto, são basicamente de dois tipos:

- participação em outras empresas;
- bens ou direitos não destinados à venda ou à manutenção das operações da sociedade.

6.3 Tipos de investimento

6.3.1 Participações permanentes em outras empresas

Nessa conta são registradas as ações ou quotas de empresas adquiridas em caráter permanente. Vale lembrar que, se esses investimentos forem significativos, deverão ser classificados como investimentos — método da equivalência patrimonial.

Tais participações podem, ainda, ser classificadas como:

- Voluntárias: representam investimentos feitos de maneira espontânea. Normalmente, essas participações têm uma relação direta com o planejamento estratégico da empresa. Exemplificando, é comum uma empresa adquirir quotas ou ações do Capital Social de fornecedores estrategicamente importantes.

- Incentivos fiscais: são investimentos feitos em decorrência de incentivos fiscais concedidos pela Receita Federal, nos quais uma parte do Imposto de Renda a ser pago pode ser aplicada sob a forma de investimentos em áreas que o governo queira desenvolver. Assim, as empresas fazem essa opção no momento da entrega da Declaração do Imposto de Renda. Em cada recolhimento do Imposto de Renda, portanto, há uma parcela de investimento. Contudo, esses valores são registrados no realizável a longo prazo, pois, segundo o Fisco, só poderão ser considerados investimentos após o recebimento do certificado. Do ponto de vista da técnica contábil, esse procedimento não é o mais adequado. Entendendo-o como investimento efetivo, ele deveria ser classificado como permanente. Há, entretanto, que se fazer duas observações: (1) esses valores são trocados por certificados de investimentos sem correção monetária; (2) os valores não tendem a ser significativos. Em função disso, a classificação no realizável a longo prazo e sem correção monetária não gera distorções significativas nos Balanços Patrimoniais, até porque normalmente são necessárias provisões para reduzir o valor de custo até o valor de mercado.

6.3.2 Outros investimentos permanentes

Pelo que já foi exposto, nessa conta devem ser classificados ativos que não estejam destinados à venda nem voltados à manutenção das operações da empresa, exceto participações em outras empresas. Assim, a conta deve conter:

- imóveis em geral, que não estejam em uso nem gerando receita, como aluguel, por exemplo;
- obras de arte.

6.4 Critério de avaliação

O critério de avaliação desses ativos, assim como de todos os elementos do Balanço Patrimonial, deve atender aos Princípios Contábeis. A Lei das Sociedades Anônimas, n. 6.404/76, definiu tal critério em seu artigo 183 para atender a esses princípios: "Os demais investimentos, pelo custo de aquisição, deduzido de provisão para atender às perdas prováveis na realização de seu valor, ou para redução do custo de aquisição ao valor de mercado, quando este for inferior".

6.5 Custo de aquisição e provisão para perdas

Antes de abordarmos a provisão para perdas, vamos definir o *custo de aquisição*, que consiste no valor efetivamente despendido na transação.

Em algumas situações, não raras, os investimentos têm valor de mercado inferior ao de custo. Nesses casos, em atendimento ao princípio da realização, deve-se apurar e registrar uma provisão para perdas.

Nessa avaliação, devem ser considerados os seguintes aspectos:

- É preciso analisar a situação das empresas para verificar se a perda que está sendo apurada é de natureza permanente. Como exemplo, podemos citar o fato de que a simples oscilação na bolsa de valores pode baixar momentaneamente o valor das ações sem representar uma perda efetiva, já que tais ações não são destinadas à venda. O melhor caminho, portanto, é analisar os demonstrativos contábeis da empresa em que se investiu para avaliar sua real situação econômica e financeira.
- Caso a empresa esteja em fase pré-operacional, deve-se procurar obter informações sobre o andamento do projeto. Se houver problemas sérios que indiquem prejuízos futuros, pode ser efetuada uma provisão desde sua constatação. Cabe ressaltar que essa provisão deve ser apresentada como redutora desses ativos.

6.6 Dividendos

Os dividendos representam a parcela de lucro distribuída aos acionistas e, quando relativos a investimentos avaliados pelo método de custo, representam uma receita operacional.

Considerando que as sociedades anônimas ou companhias devem divulgar em seus Balanços Patrimoniais a parcela correspondente aos dividendos, na medida em que isso ocorrer a empresa acionista poderá provisioná-los. Essa provisão deverá ser feita da seguinte maneira:

- Débito — dividendos a receber;
- Crédito - outras receitas operacionais.

Com o recebimento, o registro contábil será:

- Débito - caixa;
- Crédito - dividendos a receber.

Observação: caso haja um recebimento que não estava previsto ou certo, ele será lançado diretamente no caixa, tendo como contrapartida o resultado operacional.

7 Diferido

7.1 Introdução

Esse grupo de contas foi revogado pela Lei n. 11.941/2009 e era caracterizado pelos gastos incorridos pela empresa que beneficiariam exercícios futuros. A Lei n. 6.404/76, em seu artigo 179 (texto orginal), definia que no Ativo Diferido eram classificadas "as despesas pré-operacionais e os gastos de reestruturação que contribuirão efetivamente para o aumento de mais de um exercício social e que não configurem tão somente uma redução de custos ou acréscimo na eficiência operacional. Os saldos que existiam nessas contas foram classificados pelas empresas por outras contas de ativo e de resultado quando cabível.

7.2 Critério de avaliação

Os componentes do Ativo Diferido eram avaliados ao custo de aquisição e deduzidos da conta de amortização acumulada. Os saldos de tais contas foram reclassificados por outras contas, não devendo mais configurar nos balanços patrimoniais das organizações.

7.3 Composição do saldo

As contas que compunham este saldo eram:

- Gastos de implantação e pré-operacionais:
  - encargos financeiros líquidos;
  - projetos e estudos;

  - juros a acionistas;
  - gastos preliminares de operação;
  - amortização acumulada (conta credora).
- Pesquisa e desenvolvimento de produtos:
  - salários e encargos;
  - depreciação;
  - gastos gerais;
  - outros custos;
  - amortização acumulada (conta credora).
- Gastos com implantação de sistemas e métodos:
  - custo;
  - amortização acumulada.
- Gastos de reorganização:
  - custo;
  - amortização acumulada.

7.4 GASTOS DE IMPLANTAÇÃO E PRÉ-OPERACIONAIS

7.4.1 O CONCEITO DE FASE PRÉ-OPERACIONAL

Fase pré-operacional é aquela que abrange o período que compreende desde o início da empresa até o início de suas operações. Como nesse período todos os seus recursos ficam voltados para sua montagem e sua instalação, a empresa incorre em uma série de gastos.

Os gastos aplicados diretamente nos bens são classificados como *Ativo Imobilizado*. Entretanto, há vários gastos que não podem ser classificados desse modo nem lançados como despesas, pois entende-se que nessa fase, por não haver operação, o resultado é *zero*, ou seja, não há resultado. Tal conceito é fundamental, pois, já que não se podem lançar gastos ao resultado, onde seriam registradas as saídas de recursos? Certamente, por representarem gastos que beneficiarão exercícios futuros, esses valores deverão ser classificados como Ativo Diferido.

Considerando-se uma empresa que se encontra *totalmente* em fase pré-operacional, o conceito parece bem simples. Todavia, são bastante comuns situações nas quais *apenas uma parcela* da empresa encontra-se nessa fase. Para exemplificar, imaginemos uma empresa que esteja criando uma nova divisão, sendo que já existem outras em pleno funcionamento. Nesse caso, parte da empresa está em operação e parte está em fase pré-operacional. O conceito em si não sofre alterações, mas será necessária uma série de controles sobre as origens de recursos e suas aplicações a fim de segregar as duas partes.

7.4.2 Composição do saldo

Eram considerados gastos pré-operacionais os itens a seguir, os quais eram ser controlados em contas distintas:

- Gastos de organização e administração: representam os gastos administrativos da fase pré-operacional. Incluem salários, honorários de diretores, gastos com viagem, treinamento de pessoal etc.
- Encargos financeiros líquidos: englobam todos os encargos financeiros (despesas e receitas).
- Estudos e projetos: englobam os custos referentes aos estudos de viabilidade econômica e a gastos relativos à elaboração do projeto. Normalmente incluem honorários de profissionais ou empresas especializadas.
- Juros e acionistas: nessa conta são registrados os juros pagos a acionistas durante a fase pré-operacional. Isso é comum quando se trata de projetos cuja fase pré-operacional é muito longa. Esses juros se caracterizam como encargos sobre os investimentos, como se fossem empréstimos.
- Gastos preliminares de operação: correspondem aos gastos relativos às primeiras produções, normalmente feitas em base de teste.

7.5 Gastos com pesquisa e desenvolvimento de projetos

Nesse grupo eram incluídos todos os gastos atribuíveis aos trabalhos de pesquisa e desenvolvimento de novos produtos. Assim, não podem ser incluídos no Ativo Diferido os gastos relativos a melhorias efetuadas em produtos já comercializados, cujos valores devem ser lançados no resultado do exercício.

Em geral, os gastos com pesquisa incluem os seguintes itens:

- salários, encargos e outros custos de pessoal relacionados ao projeto;
- materiais consumidos;
- depreciação dos equipamentos utilizados.

- gastos diversos que possam ser atribuídos ao projeto, inclusive a amortização de patentes e licenças.

Embora essa prática fosse, anteriormente à Lei n. 11.941/2009, utilizada por boa parte das grandes empresas que possuíam departamentos de pesquisa tecnológica, deve-se ressaltar a necessidade de grande cuidado no momento de diferir tais gastos. Em 1988, um estudo realizado por um grupo intergovernamental estabeleceu que, antes de se efetuar o diferimento de gastos com pesquisa, deveriam ser satisfeitos os seguintes critérios:

- o produto ou processo deveria estar claramente definido, e os custos atribuíveis ao produto ou processo deveriam ser identificados separada e nitidamente.
- a viabilidade técnica do produto ou processo deveria ser demonstrada.
- deveria haver clara indicação do mercado futuro para o produto ou processo (destinar-se a uso interno em vez de venda, por exemplo) para que sua utilidade à empresa pudesse ser demonstrada.
- a gerência da empresa deveria ter demonstrado sua intenção de produzir e vender, ou de usar o produto ou processo.
- deveriam existir recursos adequados, ou expectativa razoável de sua disponibilidade, para completar o projeto e a comercialização ou uso do produto ou processo.

Tendo por base o exposto, fica claro que, caso não houvesse uma certeza razoável quanto à efetiva geração da receita a ser auferida por esses gastos, não se deveria diferi-los.

7.6 GASTOS DE IMPLANTAÇÃO COM SISTEMAS E MÉTODOS

O nome da conta, por si só, explicava que tipos de gastos eram registrados sob essa rubrica. Em geral ela incluía:

- salários e encargos;
- serviços de consultoria;
- sistemas.

A identificação desses custos não era simples, e, muitas vezes, em razão dos valores envolvidos, tais gastos eram reconhecidos como despesas operacionais. Entretanto, quando se tinha certeza dos benefícios que seriam alcançados no futuro, os recursos aplicados nesses sistemas deveriam ser diferidos.

8

Passivo Exigível

8.1 Conceitos gerais

O *Passivo Exigível*, representado pelos grupos do Passivo Circulante e Não Circulante, engloba todas as obrigações da empresa. O artigo 180 da Lei das Sociedades por Ações estabelece que: "As obrigações da companhia, inclusive financiamentos para aquisição do Não Circulante, serão classificadas no passivo circulante, quando se vencerem no exercício seguinte, e no passivo não circulante, se tiverem vencimento em prazo maior, observado o disposto no parágrafo único do artigo 179 desta lei".

O parágrafo único do artigo 179 dessa lei, por sua vez, define o seguinte: "Na companhia em que o ciclo operacional da empresa tiver duração maior que o exercício social, a classificação no circulante ou no longo prazo terá por base o prazo desse ciclo".

Por ciclo operacional entende-se o período de tempo compreendido entre a aquisição da matéria-prima ou mercadoria e o recebimento pela venda dos produtos ou mercadorias. Entretanto, são raras as empresas que apresentam ciclo superior a alguns meses. Tal conceito aplica-se somente a empresas que constroem edifícios, navios e equipamentos pesados, cuja construção ou montagem normalmente excede um ano.

8.2 Critérios de avaliação

Assim como em todos os registros contábeis, as obrigações registradas no Passivo Exigível devem obedecer aos Princípios Fundamentais da Contabilidade. O *Princípio da Competência* merece atenção especial, pois, no encerramento de um exercício social, é preciso que se faça um levantamento completo para identificar quais foram as obrigações (despesas) incorridas no exercício, cujo pagamento se dará em exercícios futuros.

Nesse sentido, o artigo 184 da Lei das Sociedades por Ações estabelece que:

"No balanço, os elementos do Passivo serão avaliados de acordo com os seguintes critérios:

I. As obrigações, encargos e riscos, conhecidos ou calculáveis, inclusive Imposto de Renda a pagar com base no resultado do exercício, serão computados pelo valor atualizado até a data do balanço;

II. As obrigações em moeda estrangeira, com cláusula de paridade cambial, serão convertidas em moeda nacional à taxa de câmbio em vigor na data-base do balanço;

III. As obrigações, encargos e riscos, classificados no passivo exigível a longo prazo serão ajustados ao seu valor presente, sendo os demais ajustados quando houver efeito relevante. (redação dada pela Lei n. 11.638/2007)

8.3 Composição dos saldos

As operações que normalmente resultam em registro de obrigações são:

- compra de matérias-primas a serem utilizadas no processo produtivo ou de mercadorias a serem revertidas;
- compra de bens, insumos ou outros materiais para uso da empresa;
- valores recebidos por conta de futuras entregas de bens ou serviços;
- salários, encargos sociais, inclusive férias e 13º salário, comissões e outros valores a serem pagos por conta de contratos de trabalho;
- despesas incorridas nas operações da empresa que, em geral, são pagas no mês seguinte, tais como: aluguel, água, luz, telefone, *leasing*, serviços de terceiros já executados etc.;
- empréstimos e financiamentos obtidos junto a instituições financeiras, inclusive o saldo negativo de contas bancárias;
- dividendos declarados a serem pagos aos acionistas;
- tributos de qualquer natureza que já tenham sido incorridos ou que se possa calcular com base na legislação vigente;
- encargos financeiros incorridos sobre empréstimos e financiamentos ou, ainda, sobre dívidas vencidas junto a terceiros;

- conhecimento de riscos ou perdas futuras, os quais representarão desembolso por parte da empresa.

Dessa forma, o Passivo Exigível apresenta a seguinte composição:

- Passivo Circulante:
  - empréstimos e financiamentos;
  - debêntures;
  - fornecedores;
  - obrigações fiscais;
  - outras obrigações;
  - provisões.
- Exigível a longo prazo:
  - empréstimos e financiamentos;
  - debêntures;
  - retenções contratuais;
  - provisão para Imposto de Renda diferido;
  - provisão para riscos fiscais e outros passivos contingentes.

A seguir, veremos como são compostos os saldos das contas.

8.3.1 Empréstimos e financiamentos

Normalmente, esta conta se subdivide da seguinte maneira:

- Circulante:
  - parcela dos empréstimos e financiamentos a curto prazo;
  - financiamentos bancários para capital de giro a curto prazo;
  - títulos a pagar;
  - encargos financeiros a transcorrer (conta devedora);
  - juros a pagar sobre empréstimos e financiamentos.
- Exigível a longo prazo:
  - empréstimos e financiamentos a longo prazo;
  - títulos a pagar;

- encargos financeiros a transcorrer (conta devedora);
- juros a pagar sobre empréstimos e financiamentos.

Os empréstimos e financiamentos, obviamente, representam as obrigações assumidas pela empresa por conta da obtenção de recursos financeiros aplicados nas suas operações. Geralmente, os recursos obtidos para cobertura do capital de giro da empresa têm características de curto prazo, ao passo que os recursos obtidos para expansão das atividades, bem como para a compra de bens do Ativo Imobilizado, na maioria das vezes têm vencimento a longo prazo.

Para facilitar o controle, é recomendável que se faça uma distinção entre os financiamentos tomados em moeda nacional e os financiamentos tomados em moeda estrangeira. Essa divisão torna-se bastante útil quando se trata de empresas de capital aberto, pois, conforme exigência legal, essas informações devem ser apresentadas em Notas explicativas.

Um tópico que merece um comentário especial é a conta Encargos Financeiros a Transcorrer, de natureza devedora e que, portanto, consiste em uma conta redutora do passivo. Nessa conta são registrados os juros cobrados de forma antecipada e que, em atendimento ao Princípio da Competência, não podem ser lançados diretamente no resultado, devendo, portanto, ser lançados como conta redutora a ser baixada mensalmente como despesa financeira, em função do prazo do contrato.

Ressaltamos que os saldos devem ser corrigidos monetariamente em função do indexador definido nos contratos de financiamento, assim como também devem ser provisionados os juros incorridos até o encerramento do Balanço Patrimonial, sempre com base na taxa de juros contratada. O registro das variações monetárias e dos juros é feito tendo como contrapartida as despesas financeiras.

8.3.2 Debêntures

As debêntures são títulos a longo prazo emitidos pelas sociedades anônimas, com garantia de certas propriedades, bens ou aval do emitente, e que podem ser convertidos ou não em ações da companhia.

A emissão desses títulos é uma modalidade de captação de recursos utilizada pela empresa para obter dinheiro junto a investidores sem necessitar tomar empréstimos de instituições financeiras. A possibilidade de converter essas obrigações em ações é, muitas vezes, atraente para as empresas que lançam mão dessa operação, pois, quando isso é feito, não há saída de recursos. É óbvio que, para tanto, a empresa deverá pagar uma remuneração, além da atualização monetária, sobre esses recursos. O reconhecimento desses encargos deve ser registrado quando incorrido e, a exemplo do tratamento dado aos empréstimos e aos financiamentos, a contrapartida é a despesa financeira.

A emissão desses títulos é bastante complexa, cabendo àqueles que desejarem se aprofundar no assunto pesquisar a legislação pertinente.

8.3.3 Fornecedores

Nessa conta são registradas as obrigações por conta de fornecimento de materiais a serem consumidos no processo produtivo ou a serem revendidos. Não há muito que falar a respeito dessas obrigações, mas é preciso ressaltarmos os seguintes aspectos:

- Geralmente a contrapartida do reconhecimento da obrigação é o aumento no Ativo pela aquisição de um bem.
- Para fins de controle, é interessante que se faça uma subdivisão dos tipos de fornecedores. Essa segregação pode conter, por exemplo, fornecedores de matéria-prima, fornecedores de mercadorias, fornecedores de materiais diversos, fornecedores de serviços.
- Quando se trata de fornecedores estrangeiros, a obrigação normalmente é representada em moeda estrangeira. Dessa forma, o saldo contábil deverá estar de acordo com a paridade cambial do último dia do mês. A variação cambial, por sua vez, deverá ser lançada como despesa financeira.
- Quando as obrigações estiverem vencidas, deverão ser provisionados os encargos de mora relativos aos atrasos.

8.3.4 Obrigações fiscais

Nessa conta são registradas as obrigações com tributos (impostos, taxas e contribuições), entre os quais podemos citar:

- ICMS a recolher;
- IPI a recolher;
- Imposto de Renda;
- PIS;
- Cofins;
- Contribuição Social;
- ISS;
- IPTU.

Alguns contadores diferenciam tais nomenclaturas, identificando os impostos a pagar e os impostos a recolher. Na verdade, tal diferença reside na qualidade do referido tributo. Assim, os valores retidos e repassados são, em suma, impostos a recolher, como no caso do Imposto de Renda na fonte, do INSS retido na folha de pagamento e dos similares. Impostos a pagar, então, seriam decorrentes de obrigações geradas pelas operações da própria pessoa jurídica, sem ter havido retenção, como no caso do ISS, do PIS e do Imposto de Renda, por exemplo. A diferença reside no desconto de terceiros, em que a pessoa jurídica que retém o tributo passa a ser considerada fiel depositária de tais valores. Quando tais valores retidos não são recolhidos devidamente, há caracterização de crime, denominado *apropriação indébita*.

8.3.5 Obrigações trabalhistas

As obrigações trabalhistas representam as obrigações da empresa relativas à folha de pagamento. Em atendimento ao Princípio da Competência, no final do exercício devem ser provisionados os salários, bem como todos os respectivos encargos, os quais serão pagos normalmente no mês seguinte.

Deve-se, ainda, em atendimento ao Princípio da Competência, reconhecer as despesas relativas ao 13º salário e às férias, pois, a cada mês incorrido, o funcionário adquire o direito de receber 1/12 desses benefícios. O reconhecimento dessa despesa é efetuado em contrapartida de contas denominadas *Provisão para 13º salário* e *Provisão para férias*. Essas provisões devem ser acrescidas também dos encargos sociais incidentes sobre elas, ou seja, INSS e FGTS. No caso da provisão de férias devem ainda ser computados os encargos relativos ao abono de férias, que representa 1/3 do salário.

Sendo assim, as obrigações trabalhistas geralmente incluem os seguintes saldos:

- salários a pagar;
- INSS a recolher;
- FGTS a pagar;
- IR retido na fonte a recolher;
- provisão para 13º salário;
- provisão para férias.

8.3.6 Outras obrigações

Nesse grupo estão incluídas todas as outras obrigações da empresa, que incluem, principalmente:

- adiantamento de clientes;
- contas a pagar (de qualquer natureza);
- arrendamento mercantil a pagar;
- comissões a pagar;
- dividendos a pagar;
- juros a pagar;
- outras contas a pagar.

8.3.7 Provisões

Nesse grupo deverão ser incluídas as provisões feitas para cobrir eventuais perdas da empresa, conforme determina a convenção do conservadorismo. As mais comuns são:

- Provisão para garantias: inclui a estimativa de gastos incorridos pela empresa nas trocas que deverão ser feitas em virtude de problemas encontrados em seus produtos. Geralmente essa provisão é constituída tendo como base as perdas históricas da empresa.
- Provisão para contingências fiscais e trabalhistas: nessa provisão estão incluídos os riscos que a empresa corre em função de problemas trabalhistas e fiscais, já detectados por órgãos fiscalizadores ou não, os quais, embora dependendo de decisões judiciais, devem ser provisionados, desde que haja alguma probabilidade de perda.
- Provisão para multas contratuais: nos casos em que houver risco de perda para a empresa, em virtude do não cumprimento de contratos, essas perdas deverão ser provisionadas. Como exemplo podemos citar um estaleiro cujos contratos para fornecimento de navios geralmente excedem um ano. Nesses casos, os contratos preveem uma multa, na maioria das vezes, bastante significativa. Se, por ocasião do fechamento do Balanço Patrimonial, houver um navio em construção cujo estágio de fabricação implique risco de não cumprimento do prazo estabelecido, deverá ser calculada e provisionada a multa conforme cláusula contratual.

9

Patrimônio Líquido

9.1 Conceito básico

O *Patrimônio Líquido* de uma empresa representa o valor contábil pertencente aos acionistas ou sócios. Esse conceito é simples de ser compreendido, pois resulta da diferença entre os bens e direitos e as obrigações.

De acordo com a Lei n. 6404/76, o Patrimônio Líquido subdivide-se em Capital Social, Reservas de Capital, Ajustes de Avaliação Patrimonial, Reservas de Lucros e Prejuízos Acumulados.

9.2 Capital Social

O *Capital Social* representa o investimento feito pelos acionistas da empresa, abrangendo não só as parcelas entregues por eles como também os valores obtidos pela sociedade, que, por decisão dos proprietários, são incorporados ao Capital Social.

No caso das sociedades anônimas, o capital é composto por ações, que podem ser *preferenciais* ou *ordinárias*. A principal diferença entre os dois tipos é que o primeiro não dá direito a voto e tem prioridade no pagamento de dividendos, ao passo que o segundo tem direito a voto.

O capital das sociedades simples e das sociedades limitadas é composto de quotas, as quais, assim como as ações no caso das sociedades anônimas, representam a menor unidade do capital, sendo, portanto, indivisíveis. O Capital Social inclui as seguintes quotas:

- Capital Realizado;

- Capital Subscrito: é a parcela de capital que registra o total do Capital Social definido no estatuto ou contrato social, independentemente de sua integralização;
- Capital a Integralizar: nessa conta é registrada a parcela de capital que não foi integralizada e, portanto, é redutora da conta Capital Subscrito.

9.3 Reserva de Capital

A *Reserva de Capital* é constituída de valores recebidos pela empresa e que não transitam pelo resultado como receitas, por se referirem a valores destinados a reforço do capital, sem terem como contrapartida qualquer esforço da empresa em termos de entrega de bens ou de prestação de serviços.

Em face da classificação das Reservas de Capital, como definido nos parágrafos 1º e 2º do artigo 182 da Lei n. 6.404/76, as principais reservas constantes nesse subgrupo são:

- correção monetária do Capital Realizado (quando constituída até dezembro de 1995, uma vez que a Lei n. 9.249/95 extinguiu a sistemática da correção monetária a partir de 1996 para todos os fins, inclusive societários);
- o produto da alienação de partes beneficiárias e bônus de subscrição;
- ágio na emissão de ações.

As Reservas de Capital podem ser utilizadas somente para:

- absorver prejuízos, quando estes ultrapassarem os Lucros Acumulados e as Reservas de Lucro;
- resgate, reembolso ou compra de ações;
- incorporação ao capital;
- pagamento de dividendos a ações preferenciais, quando essa vantagem lhes for assegurada;

A seguir, veremos o que cada reserva representa.

9.3.1 Correção monetária do Capital Social (extinta pela Lei n. 9.249/95)

Nesta conta era registrada a correção monetária do capital realizado, cuja contrapartida era o resultado do exercício. Tal correção não podia ser lançada diretamente no Capital Social, pois, em função de exigências jurídicas, toda e qualquer alteração nele deveria ser feita mediante alteração contratual ou do estatuto.

Algumas organizações ainda possuem saldos de correção monetária em suas contas, não tendo destinado tais valores, motivo pelo qual mantemos o registro da sistemática neste livro.

9.3.2 Produto da alienação de partes beneficiárias e bônus de subscrição

Partes beneficiárias e bônus de subscrição são títulos ou valores mobiliários que podem ser comercializados no mercado. Os bônus de subscrição têm limite de valor para emissão, que é o do capital autorizado pelos estatutos da companhia. A contrapartida do valor recebido caracteriza uma reserva de capital.

Doações e subvenções para investimentos: nesta conta são registrados, por seus respectivos valores de mercado, os bens recebidos por conta de doações que não exigiram nenhuma contraprestação da empresa. O registro dessa reserva se dará tendo como contrapartida o ativo recebido em doação.

Os incentivos fiscais passaram a ter novo entendimento após o advento da Lei n. 11.638, de 28 de dezembro de 2007. A nova redação do artigo 199 da Lei das S/As preconiza, então, que "O saldo das reservas de lucros, exceto as para contingências, de incentivos fiscais e de lucros a realizar, não poderá ultrapassar o capital social. Atingindo esse limite, a assembleia deliberará sobre aplicação do excesso na integralização ou no aumento do capital social ou na distribuição de dividendos".

9.3.3 Ágio na emissão de ações

Nessa conta é registrada a diferença entre o preço que os acionistas pagam pelas ações à companhia e o seu valor nominal.

9.4 Ajustes de avaliação patrimonial

A Lei n. 11.638, de 28 de dezembro de 2007, revogou as Reservas de Reavaliação, incluindo em seu lugar os Ajustes de Avaliação Patrimonial.

O parágrafo 3º do artigo 182 da Lei das S/As passou a ter a seguinte redação: "Serão classificadas como ajustes de avaliação patrimonial, enquanto não computadas no resultado do exercício em obediência ao regime de competência, as contrapartidas de aumentos ou diminuições de valor atribuído a elementos do ativo (§5º do art. 177, inciso I do caput do artigo 183 e §3º ao art. 226 desta Lei) e do passivo, em decorrência da sua avaliação a preço de mercado".

Assim, foi emitido o Pronunciamento Técnico CPC-01 (Redução ao valor recuperável de ativos). O CPC (Comitê de Pronunciamentos Contábeis) é organismo vinculado ao CFC (Conselho Federal de Contabilidade), tendo como uma de suas atribuições a elaboração e divulgação de pronunciamentos técnicos.

De todo modo, este conjunto de contas servirá para o registro das contrapartidas de ajustes de avaliação patrimonial, no reconhecimento e mensuração de uma perda por desvalorização ou reversão respectiva, ou seja, a contrapartida de aumento ou diminuições de valor de ativos ou de passivos, em razão de sua avaliação a mercado. Os testes para cálculo de recuperação do valor dos ativos são conhecidos internacionalmente como testes de *impairment*.

9.5 Reservas de Lucros

Reservas de Lucros são as contas de reservas constituídas pela apropriação de lucros da empresa, as quais se destinam a resguardar o seu patrimônio, evitando, dessa forma, descapitalizá-la. Tais reservas, definidas pelo artigo 182 da Lei n. 6.404/76, incluem:

- reserva legal;
- reservas estatutárias;
- reservas para contingências;
- reserva de lucros a realizar;
- reserva de lucros para expansão;
- reserva especial para dividendo obrigatório não distribuído.

A adequada segregação e movimentação das Reservas de Lucros é importante particularmente para fins de cálculo do dividendo obrigatório. Além disso, é fundamental conhecer o valor dessas reservas, que são ou poderão vir a ser disponíveis para distribuição futura na forma de dividendos, capitalização ou mesmo para outras destinações.

A seguir, veremos o que cada reserva contém.

9.5.1 Reserva legal

Essa reserva é obrigatória por força da Lei n. 6.404/76, que, em seu artigo 193, determina que 5 por cento do lucro do exercício deve ser destinado à formação da reserva legal. Contudo, também por força legal, o montante dessa reserva não deve ultrapassar o equivalente a 20% do Capital Social realizado, sendo que, ao ser atingido esse montante, a empresa poderá deixar de reconhecê-la ou capitalizar o excesso. Quando somado às reservas de capital, o limite máximo de sua constituição passa a ser equivalente a 30% do valor do Capital Social.

A utilização da reserva legal está restrita à compensação de prejuízos e ao aumento do Capital Social. Essa incorporação ao capital pode ser feita a qualquer momento, a critério da companhia. A compensação ocorrerá obrigatoriamente quando ainda houver saldo de prejuízos, após terem sido absorvidos os saldos de Lucros Acumulados e das demais Reservas de Lucros.

9.5.2 Reservas estatutárias

Nelas são registradas as reservas definidas no estatuto das sociedades. Embora não sejam obrigatórias, muitas empresas possuem normas sobre essa prática em seus estatutos.

9.5.3 Reservas para contingências

Estas reservas são constituídas com o objetivo de evitar que a empresa distribua grande parte de seus lucros, os quais representarão um desembolso de recursos que poderá ser necessário para cobrir situações futuras que venham a representar perdas para a sociedade.

Nesse sentido, a própria Lei das Sociedades por Ações estabelece que:

> Art. 195. A Assembleia Geral poderá, por proposta dos órgãos da administração, destinar parte do lucro líquido à formação de reserva com a finalidade de compensar, em exercício futuro, a diminuição do lucro decorrente de perda julgada provável, cujo valor possa ser estimado.
> §1º A proposta dos órgãos da administração deverá indicar a causa da perda prevista e justificar, com razões de prudência que a recomendem, a constituição da reserva.
> §2º A reserva será revertida no exercício em que deixarem de existir as razões que justificaram a sua constituição ou em que ocorrer a perda.

Entre os motivos que podem levar a empresa a constituir uma reserva para contingência, podemos citar:

- geadas ou secas que estiverem sendo anunciadas para o próximo ano, quando isso influenciar a rentabilidade da empresa;
- cheias ou inundações que ocorrerem em localidades onde a empresa possua instalações, principalmente se existirem estoques nesses locais.

9.5.4 Reserva de lucros a realizar

Esta reserva destina-se a evitar que a empresa distribua lucros que ainda não foram realizados do ponto de vista financeiro. Esse aspecto é muito importante, pois nem todo lucro gerado pela empresa representa aumento do Ativo Circulante. Assim, a esse respeito, a Lei das Sociedades por Ações estabelece que:

> Art. 197. No exercício em que o montante do dividendo obrigatório, calculado nos termos do estatuto ou do art. 202, ultrapassar a parcela realizada do lucro líquido do exercício, a assembleia geral poderá, por proposta dos órgãos da administração, destinar o excesso à constituição de reserva de lucros a realizar. (Redação atualizada pela Lei 10.303/2001.)

Tais reservas não serão, portanto, objeto de distribuição de dividendos. Porém, ressaltamos que, no exercício em que esses lucros forem realizados, as parcelas deverão ser incluídas na base de cálculo dos dividendos.

9.5.5 Reserva de lucros para expansão

Nesta conta são segregadas as parcelas do lucro que a empresa deseja reter para financiar um projeto de expansão.

9.5.6 Reserva especial para dividendo obrigatório não distribuído

Pode haver situações em que a empresa não tenha condições de pagar o dividendo declarado nas demonstrações financeiras, em virtude de fatos ocorridos subsequentemente ao encerramento do exercício. Nesse caso, os dividendos ficarão retidos nessa reserva e serão pagos aos acionistas no futuro, tão logo a empresa tenha condições financeiras para tanto. Caso a empresa venha a incorrer em prejuízos futuros que absorvam tal reserva, os dividendos não serão mais devidos.

Por fim, cabe ressaltar que o saldo das reservas de lucros, exceto as para contingências, de incentivos fiscais e de lucros a realizar, não poderá ultrapassar o capital social. Atingindo esse limite, a assembleia deliberará sobre a aplicação do excesso na integralização, no aumento do capital social ou na distribuição de dividendos (nova redação dada pela Lei n. 11.638/2007).

9.6 Prejuízos acumulados

Essa conta representa o saldo remanescente dos prejuízos líquidos acumulados, a partir do advento da Lei n. 11.638, de 28 de dezembro de 2007, que alterou o texto da alínea "d" do parágrafo 2º do artigo 178 da Lei 6.404/76 (Lei das S/As).

Segundo a orientação do comitê de pronunciamentos contábeis OCPC-02, pode ser mantido saldo de lucros acumulados nas demais organizações.

Uma palavra final

Os temas abordados neste livro consideram apenas aspectos básicos e fundamentais da Contabilidade organizacional. Por isso, você certamente sentirá necessidade de complementar seus estudos, de modo a envolver outros aspectos da Contabilidade, que é a ciência da riqueza, em especial no que tange às demonstrações contábeis gerenciais e aos controles adotados pela gestão das organizações.

Existem demonstrações contábeis e financeiras extremamente importantes para a gestão, tais como a Demonstração do Fluxo de Caixa, relevante instrumento auxiliar para a compreensão dos efeitos das vendas e compras a prazo. As demonstrações complementares, como a Demonstração dos Lucros ou Prejuízos Acumulados e a Demonstração das Mutações do Patrimônio Líquido também são de grande importância para o devido conhecimento organizacional. Há, ainda, a Demonstração do Valor Adicionado, bastante utilizada em outros países e que revela a geração de valor e sua distribuição.

Acredito, no entanto, que conhecimentos tão profundos devam ser deixados para outras obras, não por sua relevância, mas porque nosso objetivo, aqui, é apenas tratar dos fundamentos da Contabilidade. Espero, desse modo, poder contribuir para que você adquira um conhecimento primordial, dando ênfase a bases conceituais, teóricas e práticas que despertem seu interesse para o mundo da Contabilidade.

Referências bibliográficas

CABRAL, Carla Joyce e CABRAL, José Carlos. *Contabilidade básica para concursos.* São Paulo: Atlas, 1999.

CAMPIGLIA, Américo Oswaldo. *Introdução à hermenêutica das demonstrações contábeis.* São Paulo: Atlas, 1997.

CHING, Hong Yuh; MARQUES, Fernando e PRADO, Lucilene. *Contabilidade & finanças.* São Paulo: Prentice Hall, 2003.

CONTROLLER AUDITORES E CONSULTORES. *Contabilidade introdutória.* Campo Grande, s/d. Material apostilado para cursos.

IUDÍCIBUS, Sérgio de e MARION, José Carlos. *Curso de contabilidade para não contadores.* São Paulo: Atlas, 1999.

MARION, José Carlos. *Contabilidade empresarial.* 10. ed. São Paulo: Atlas, 2003.

REIS, Arnaldo. *Demonstrações contábeis.* São Paulo: Saraiva, 2003.

RIBEIRO, Osni Moura. *Contabilidade básica fácil.* Curitiba: Saraiva, 1998.

_______. *Contabilidade comercial fácil.* 14. ed. Curitiba: Saraiva, 1999.

_______. *Contabilidade geral – fácil.* Curitiba: Saraiva, 1998.

SANTOS, José Luiz; SCHMIDT, Paulo; GOMES, José Mário, M. e FERNANDES, Luciane Alves. *Introdução à contabilidade.* São Paulo: Atlas, 2003.

Sobre o autor

Aderbal N. Müller é Doutor em Engenharia de Produção pela Universidade Federal de Santa Catarina (UFSC). Mestre em Ciências Sociais Aplicadas. Especialista em Administração/ Finanças. Graduado em Ciências Contábeis pela FAE Business School. Professor e Coordenador do Curso de Pós-graduação em Gestão Contábil e do Curso de Controladoria da FAE. Coautor dos livros *Auditoria das organizações*, publicado pela editora Atlas, *Auditoria integral*, publicado pela editora Juruá, e dos livros *Contabilidade avançada e internacional*, *Análise financeira*, *Cálculos periciais* e *Manual da nota fiscal eletrônica*. Contador, consultor e avaliador de empresas, empresário da área de Contabilidade e perito judicial. Membro ativo da A.A.A. – American Accounting Association e da BALAS – Business Association of Latin American Studies.

Visite o site do autor em www.pericia.pro.br. Contatos para palestras podem ser feitos pelo e-mail: pericia@pericia.pro.br